LITERATURHINWEISE ZUR LINGUISTIK

BAND 14

Herausgegeben im Auftrag des
Leibniz-Instituts für Deutsche Sprache (IDS)
Mannheim
von
Petra Storjohann

Konstanze Marx
Max Hoferichter

Deutsch in der Grundschule

Universitätsverlag
WINTER
Heidelberg

Bibliografische Information der Deutschen Nationalbibliothek
Die Deutsche Nationalbibliothek verzeichnet diese Publikation
in der Deutschen Nationalbibliografie;
detaillierte bibliografische Daten sind im Internet
über *http://dnb.d-nb.de* abrufbar.

Wir folgen den Regelungen des Rats für deutsche Rechtschreibung.
Etwaige Abweichungen davon – insbesondere hinsichtlich der geschlechtsspezifischen
Kennzeichnung von Personen – erfolgen auf ausdrücklichen Wunsch des Autors
bzw. der Autorin.

ISBN (Paperback): 978-3-8253-9619-0

Dieses Werk einschließlich aller seiner Teile ist urheberrechtlich geschützt. Jede Verwertung
außerhalb der engen Grenzen des Urheberrechtsgesetzes ist ohne Zustimmung des Verlages
unzulässig und strafbar. Das gilt insbesondere für Vervielfältigungen, Übersetzungen,
Mikroverfilmungen und die Einspeicherung und Verarbeitung in elektronischen Systemen.

© 2025 Universitätsverlag Winter GmbH Heidelberg
Imprimé en Allemagne · Printed in Germany
Redaktion: Melanie Kraus
Satz/Layout: Marijke Domscheit
Druck: Memminger MedienCentrum, 87700 Memmingen

Gedruckt auf umweltfreundlichem, chlorfrei gebleichtem
und alterungsbeständigem Papier.

Den Verlag erreichen Sie unter:
Universitätsverlag Winter GmbH Heidelberg
Postfach 10 61 40, D-69051 Heidelberg
www.winter-verlag.de
gpsr@winter-verlag.de

ISBN (PDF): 978-3-8253-8696-2
DOI: https://doi.org/10.33675/2025-82538696

Dieses Werk ist lizenziert unter einer
Creative Commons Namensnennung – Nicht kommerziell – Keine Bearbeitungen
4.0 International Lizenz.

Inhalt

A. EINFÜHRENDER TEIL 7

1. **Sprachliches Wissen und Wissen über Sprache: Was bringen Schulkinder mit?** 9
2. **Was müssen Schulkinder lernen?** 12
   - 2.1 Von Silben in Zimmern und Garagen oder: Die silbenanalytische Methode 12
   - 2.2 Was ist ein Elacehaes? Oder: Das synthetische Verfahren 13
   - 2.3 Das große Ganze oder: Die analytische Methode 14
   - 2.4 Der produktive Streit oder: Analytisch-synthetische Verfahren 15
   - 2.5 Auf die Plätze, fertig, schreiben oder: LdS und der Spracherfahrungsansatz 16
3. **Das Aufgabenspektrum für Lehrkräfte** 18
4. **Zur Handhabung des bibliografischen Teils** 22
5. **Literatur zum einleitenden Teil** 24

B. BIBLIOGRAFISCHER TEIL 31

1. **Spracherwerb: Was bringen Schulkinder mit?** 33
   - 1.1 Bedeutungserwerb 34
   - 1.2 Grammatikerwerb 35
   - 1.3 Pragmatikerwerb 38
   - 1.4 Vorlesen als Brücke zur Literalität 42
2. **Kompetenzbereiche: Was müssen Schulkinder lernen?** 47
   - 2.1 Sprechen und Zuhören 47
   - 2.2 Lesen 51
   - 2.3 Sich mit Texten und Medien auseinandersetzen 64
   - 2.4 Schreiben 66
   - 2.5 Sprache und Sprachgebrauch untersuchen 80
   - 2.6 Historische Zugänge 81
3. **Das Aufgabenspektrum für Lehrkräfte** 85
   - 3.1 Grundlagen 85
     - 3.1.1 Grundschuldidaktik Deutsch 85
     - 3.1.2 Linguistik 87
       - 3.1.2.1 Einführungen 87
       - 3.1.2.2 Phonetik und Phonologie 88
       - 3.1.2.3 Orthographie und Graphematik 89
       - 3.1.2.4 Morphologie und Syntax 90
       - 3.1.2.5 Semantik und Pragmatik 91
       - 3.1.2.6 Ausgewählte angewandte Linguistik für die Grundschule 92
   - 3.2 Deutsch mit (digitalen) Medien unterrichten 92

	3.3	Vielfalt im Klassenzimmer	96
		3.3.1 Mehrsprachigkeit	97
		3.3.2 Sozioökonomische Differenzen	107
		3.3.3 Kognitive und physische Beeinträchtigungen und Inklusion	109
		3.3.4 Sexualität, Gender und Geschlecht	111
		3.3.5 Religion	112
	3.4	Supportive Kompetenzen	113
		3.4.1 Diagnostik und Förderung	113
		3.4.2 Umgang mit emotionalen und gesellschaftspolitischen Herausforderungen	119
		3.4.2.1 Ängste und Sorgen	119
		3.4.2.2 Sterben und Trauer	120
		3.4.2.3 Sprechen über politische Konflikte und Krieg	121
	3.5	Classroom-Management: Lernen in solidarischen Umgebungen	121
		3.5.1 Selbstreflexion und Resilienz	121
		3.5.2 Klassen- und Schulklima	122
		3.5.3 Schulische Interaktionskonstellationen	125
		3.5.3.1 Peer to peer: Schulkinder	125
		3.5.3.2 Wertschätzung, Feedback und Bewertung: Lehrer:innen interagieren mit Kindern	128
		3.5.3.3 Elternarbeit	132
		3.5.3.4 Kommunikation im Kollegium	133
		3.5.4 Gewaltprävention	134
		3.5.5 Rassismusprävention	137
4.	**Zeitschriften**		**139**
5.	**Unterrichtsmaterialien**		**140**
	5.1	Spielen im Unterricht	141
		5.1.1 Literatur zu Spielen	141
		5.1.2 Spiele	142
	5.2	Infotainment rund um die Schule	143
		5.2.1 Podcasts	143
		5.2.2 Filme	143
		5.2.3 Informative Internetangebote	144
		5.2.3.1 Arbeitsblätter/Arbeitsmaterialien	144
		5.2.3.2 Digitale (Grund-)Schule	144
		5.2.3.3 Verlagsseiten/Onlinelernprogramme (teilweise kostenpflichtig)	144
6.	**Social Media: Austausch mit und Inspiration von Kolleg:innen**		**146**

A. EINFÜHRENDER TEIL

1. Sprachliches Wissen und Wissen über Sprache: Was bringen Schulkinder mit?

Wenn Kinder in die Schule kommen, verfügen sie in der Regel über ein vorwiegend mündlich geprägtes Sprachwissen (Wildemann/Vach 2022, S. 34). Sie kennen prototypische Sprechakte wie das Gratulieren auf Kindergeburtstagen oder das Versprechen, sich gleich die Zähne zu putzen (vgl. Bernicot/Laval 2004). In Alltagserzählungen sind sie in der Lage, Vergangenes sprachlich in die Gegenwart zu holen, etwa die gedankliche Rekonstruktion der täglichen Mittagsmahlzeit. In solchen (oder anderen) Situationen durchaus auch einmal etwas zu sagen, das mit der Realität nicht übereinstimmt, gehört ebenfalls bereits zu ihren Kompetenzen (Vasek 1986, Kümmerling-Meibauer/Meibauer 2011; Stude/Fekete 2021). Ggf. referieren Kinder sogar schon mit Vergangenheitsformen, die über Perfekt-Formen hinausreichen, u. a. weil sie über Kinderbücher (oder auch Hörbücher) mit dem Präteritum vertraut gemacht wurden (Stark 2016). Auch Passiv-Formen dürften ihnen in diesem Kontext schon begegnet sein (von Lehmden et al. 2013). U. a. aus Märchen kennen sie sprachlich konstruierte Phantasiewelten, bildliche Vergleiche, ja Metaphern (Colston/Kuiper 2002; Ash 2012; Vogt/Indefrey 2017), aus Liedern kreative sprachliche Spielereien, wie z. B. Reime (Jäkel 2008, S. 75f.).

Bei Schuleintritt sind Kinder in der Lage, Alltagssituationen kommunikativ zu meistern und sich mehr oder weniger komplexe Geschichten auszudenken (z. B. Becker/Wieler (Hg.) 2013; Dannerer 2012). Sie verfügen über grundlegende Höflichkeitsformen, über ein Repertoire an Emotionswörtern (Bahn 2021) und haben ein sicheres Gespür für Angemessenheit (Behrens/Madlener/Skoruppa 2016) und eben auch die Unangemessenheit von Schimpfwörtern, für die sie jedoch vergnügt und ausdauernd wiederholte empirische Evidenz erbringen. Sie wissen, „was man (nicht) sagt" und thematisieren das ebenso wie metasprachliche Kommunikation in Rollenspielen auftritt, in denen Stimmlagen variiert und zwischen Dialekt und Hochsprache gewechselt wird (dazu Maas 2015, S. 116). Manche Kinder verstehen schon Mehrdeutigkeiten (Filippova 2014; Walsh 2003) und üben sich hochambitioniert im Witzeerzählen (Hauser 2005; Hoicka 2014). Kinder kritzeln den Schreibprozess nachahmend (präliteral-symbolische Phase nach Günther 1986), sind also graphomotorisch in der Lage den Stift anders als beim Malen auf einem kleineren Raum zu führen. Manche können ihren Namen schreiben, wobei in dieser logographischen Phase (Frith 1985; Günther 1986) davon auszugehen ist, dass sie den Namen eher als Bild reproduzieren und die Symbolfunktion der Schriftzeichen noch nicht erkennen

(Bialystok/Martin 2003). So würden sie auch vermuten, dass das Wort *Kuh* länger ist als das Wort *Schmetterling*, weil eine Kuh als Referenzobjekt deutlich größer als ein Schmetterling ist (vgl. Marx 2007, S. 44). Die Unterscheidung zwischen weltlicher Referenzebene und sprachlicher Ausdrucksebene gelingt ihnen also noch nicht, wie die ebenfalls von Marx geschilderte Anekdote noch deutlicher machen kann:

> Als ich ein Vorschulkind fragte „Hörst Du ‚au' in ‚Auto'?" verneinte es zuerst, merkte dann, dass ich ein ‚Ja' erwartete und änderte nach kurzer Überlegung seine Antwort: ‚Ja, wir schlagen uns manchmal im Auto und dann hört man ‚au, au, au'!' (Marx 2007, S. 44)

Besonders interessant an dieser Anekdote ist, dass das Kind – vermutlich angeregt durch die beschriebene Interaktion – recht schnell in der Lage war, auch andere Fragen struktur- und eben nicht mehr inhaltsbezogen zu beantworten. Es deutet sich hier schon an, wie wichtig gemeinsames sprachliches Handeln zwischen Kindern und Erwachsenen ist. Für Vorlesesituationen ist das bereits vielfach beschrieben worden. Hier lernen Kinder u. a. schon die Leserichtung ihrer Sprache kennen (vgl. z. B. Wieler 1997; Becker 2014; Gressnich/Müller/Stark (Hg.) 2015 zum förderlichen Einfluss des Vorlesens) und ebenso die Unterscheidung zwischen Lesen als hörbarer und Schreiben als sichtbarer Handlung (vgl. Tolchinsky 2004).

Schulanfänger:innen haben also wichtige Stufen eines sehr komplexen Spracherwerbsprozesses durchlaufen (siehe für einen Überblick Schulz 2008) und stehen vor der nächsten großen Aufgabe, dem Schriftspracherwerb (Schründer-Lenzen 2013, S. 29), den sie anders als das Sprechen nicht ohne systematische Unterweisung durchlaufen können (Gold 2018, S. 54).

> Das [in diesem Prozess zu erlangende] Wissen muss [Kinder] befähigen, geschriebene Sprache von Beginn an als eine andere, systematisch aufgebaute Sprache wahrzunehmen, deren Gestaltung sich nur begrenzt am Gesprochenen orientiert, deren Erwerb daher eines neuen Lernens bedarf. (Röber/Olfert 2015, S. XIV)

Wann genau der Schriftspracherwerb einsetzt, kann nicht präzise ermittelt werden – oder um es mit Christa Dürscheid zu sagen: „Schon fast ein Topos ist mittlerweile die Feststellung, dass es im Schriftspracherwerb keine Stunde Null gebe, […]" (Dürscheid 2012, S. 246).

In unserer einleitenden Passage haben wir nicht ohne Grund einige abschwächende Formulierungen verwendet, denn Kinder kommen mit ganz unterschiedlichen Voraussetzungen in die Schule.

So verfügen nicht alle Kinder über sogenanntes protoliterates Sprachwissen, auf dem der Anfangsunterricht aufbauen kann (Maas 2015, S. 137). Im

Wesentlichen ist damit die oben bereits angedeutete „Erfahrung mit literat strukturierten Geschichten [gemeint], die sie z. B. zum Registerwechsel von Erzählen zu Diktieren nutzen können" (Maas 2015, S. 137). Werden Kinder nämlich gebeten, eine Begebenheit, die sie zuvor in Interaktion mit ihren Zuhörer:innen erzählt haben, noch einmal so zu erzählen, dass man sie mitschreiben kann, um sie anderen später vorlesen zu können, wechseln nicht wenige Kinder spontan das Register (Leseman et al. 2007; Maas 2008 und 2015, S. 129). Das hier offenbarte metasprachliche Wissen muss aber auch häufig erst in der Schule erarbeitet werden (siehe dazu schon Yelland/Pollard/Mercury 1993, S. 427). Damit kommt u. a. Grundschullehrkräften die wichtige Rolle der „kompetente[n] Andere[n]" (Uhl 2021, S. 130) zu, die den Erwerb protoliteraler und protoliterarer Fähigkeiten durch geeignete narrative Scaffoldingstrategien fördern können. Weiterhin kann nicht vorausgesetzt werden, dass Kinder einen analytischen Zugang zu Lautsegmenten haben, wenngleich sie grundsätzlich in der Lage sind, Segmentierungen vorzunehmen, z. B. bei Takten oder Silben (Müller 2015, S. 151 und S. 153).

Längere Zeit als gesichert galten hingegen bei mehrsprachigen Kindern frühe metasprachliche Kompetenzen, die sich vor allem auf die Identifikation von strukturellen Einheiten beziehen – etwa Wörter (Ben Zeev 1977; Bialystok 1986) oder Phoneme (Rubin/Turner 1989). Inzwischen liegen Studien vor, die typologisch sehr unterschiedliche Sprachen in den Blick nehmen. Inwiefern sich Zwei- oder Mehrsprachigkeit auf den Ausbau sprachanalytischer Fähigkeiten und den Schrifterwerb auswirken, ist dennoch nicht geklärt (Mehlem 2015, S. 239). Vielmehr lassen Untersuchungen zu Lesekompetenzen (u. a. von Bialystok/McBride-Chang/Luk 2005) in unterschiedlichen Schriftsystemen den Schluss zu, dass die Analyse- und Lesefähigkeiten von Unterrichtsmethoden abhängen, wie z. B. der Memorierungsstrategie, mit der in Hongkong und Kanada Chinesisch unterrichtet wird, während im Englischunterricht der alphabetische Schriftspracherwerb zum Einsatz kommt (Mehlem 2015, S. 239). Denkt man diese Erkenntnis für die Vermittlung der deutschen Schriftsprache weiter, lassen sich schon deshalb Herausforderungen erahnen, weil es an Schulen hierzulande keine einheitliche Vermittlungsmethode gibt. Wir führen das nachfolgend noch weiter aus.

An dieser Stelle möchten wir aber schon einmal festhalten, dass sich vom ersten Schultag an für Grundschullehrkräfte im Fach Deutsch mit Blick auf die sogenannte literacy (also schriftsprachlich relevantes Wissen) ein heterogenes Bild ergibt, das von unterschiedlichen Wissensständen und unterschiedlichen Ausgangssprachen der Kinder geprägt ist.

2. Was müssen Schulkinder lernen?

Im Mittelpunkt des Grundschulfachs Deutsch steht neben dem Ausbau weiterer mündlicher Kompetenzen die wichtige Aufgabe, Kinder dabei zu unterstützen, schriftrelevante Analysekategorien zu erwerben, d. h. eine umfängliche phonologische Bewusstheit zu generieren, die es ihnen ermöglicht, in der Konfrontation mit Schrift Laute zu isolieren (Müller 2015, S. 153). Damit einher geht die Fähigkeit, „die Aufmerksamkeit vom Inhaltsaspekt der Sprache auf den Formaspekt zu lenken" (Schründer-Lenzen 2009, S. 17), da Schriftsprache in dem Wissen um Strukturen der gesprochenen Sprache fundiert und nicht in der gesprochenen Sprache selbst (Maas 2015, S. 217).

Dieser Herausforderung versuchen nun unterschiedliche didaktische Ansätze gerecht zu werden, die wir im Folgenden kurz vorstellen möchten.

2.1 Von Silben in Zimmern und Garagen oder: Die silbenanalytische Methode

Ausgehend von der Prämisse, dass artikulatorisch und akustisch erfahrbare Silben die ersten Segmentierungseinheiten sind, die Kinder prosodisch analysieren und spontan reproduzieren können, setzt die silbenanalytische Methode (Röber 2009) bei der Unterscheidung zwischen betonten und unbetonten Silben an. Schüler:innen sollen so in die Lage versetzt werden, am Beispiel von trochäischen Zweisilbern strukturelle Unterschiede zwischen Silbentypen (offene, geschlossene) zu erkennen. Gearbeitet wird mit sogenannten Worthäusern, die aus zwei oder drei Zimmern bestehen und die betonte Silbe beheimaten, während Reduktionssilben in der Garage verortet sind. Ein Wort wie *Kinder* wird also folgendermaßen aufgeteilt: Die Silbe *Kin* wohnt in den drei Zimmern des Hauses, die Silbe *der* in drei Räumen der Garage, wobei jedes Zimmer für einen Silbenbestandteil (Anfangsrand, Silbenkern, Endrand) steht. Die Kinder lernen, dass auch in der Garage jeweils ein vokalischer Silbenkern wohnt, selbst wenn man ihn nicht hört. Auf diese Weise werden sie für die Divergenz zwischen gehörten und geschriebenen Lauten sensibilisiert. Treten Silbengelenke wie im Wort *Mitte* auf, rückt der erste Garagenraum ins Haus. Einzig das *e* verbleibt im äußeren Garagenbereich, um der Tatsache gerecht zu werden, dass phonetisch ein Konsonant in zwei Positionen einer Struktur steht und der Druck hier über beide Silben abgelassen wird (Schäfer 2018, S. 125f.). Anhand solcher mit einem Doppelkonsonanten ausgestatteten Wörter lässt sich gut nachvollziehen, warum Kinder nicht dazu aufgefordert werden sollten, Silben zu erklatschen – eine Methode die häufig mit dem Fokus auf Silben assoziiert oder gar kombiniert wird (mit der silbenanalytischen Methode aber nicht gleichzusetzen ist). Intuitiverweise würden Kinder bei einem Wort wie Mitte nämlich nur einmal klatschen. Erst eine staccatohafte Aussprache würde eine Grenze hörbar machen, deren Verortung aber angesichts dieser unnatürlichen Artikulation variabel erscheint, wie Schäfer (2018., S. 125) am Beispiel von *Kriecher* vs. *Kriech-er* deutlich macht. Wer Silben „erklatscht", muss also schon über orthographisches Wissen verfügen, was die Klatschmethode als Lernmethode ad absurdum führt, vgl. zu dieser Problematik auch die sogenannte FRESCH-Methode (Freiburger Rechtschreibschule), die von Kindern eine mündliche Rechtschreibsprache abverlangt, bevor sie orthographisches Wissen aufgebaut haben.

Ein grundsätzlicher Vorteil der silbenanalytischen Methode ist, dass Kinder von Beginn an orthographiekonform schreiben und das Lesen sehr effizient erlernen. Als kritisch werden der hohe kognitive Anspruch der Methode erachtet und der Fokus auf Silbenstrukturen, der den Blick auf die Bedeutung von Wörtern verstelle (siehe den Überblick bei Rautenberg 2022, S. 61).

2.2 Was ist ein Elacehaes? Oder: Das synthetische Verfahren

Bei der synthetischen Lesemethode wird dem Schritt, Laute und mit ihnen assoziierte Buchstaben zu Silben zu verschmelzen, das Erlernen der einzelnen Buchstaben vorgeschaltet. Nachdem es sich gezeigt hatte, dass die bis weit ins 19. Jahrhundert praktizierte Buchstabiermethode zu erheblichen Schwierigkeiten beim Lesen führte, weil die Kinder angehalten waren, Wörter über die Buchstabennamen zu entziffern, nutzen modernere synthetische Verfahren die Lautiermethode (dazu Dürscheid 2012, S. 248). Der Leselernvorgang wurde also dadurch entlastet, dass anstelle der Buchstabennamen (für Lachs etwa *el, a, ce, ha, es* und im Ergebnis im ärgsten Fall: *elacehaes*) nun Sequenzen einzelner Phoneme gebildet werden, in unserem Beispiel also /l/, /a/, /k/, /s/.

Einen Zugang zu den Lauten versucht man einerseits mit der 1533 von Jordan entwickelten und heute noch immer angewendeten Anlautmethode oder über die Nachahmung von Tierlauten (Naturlautmethode von Ickelsamer (1534/1882) und Comenius) zu schaffen. Dürscheid (2012, S. 248) nennt über die Komponente des phonologischen Rekodierens hinaus die beiden weiteren Komponenten ‚Synthetisieren der Phoneme' und ‚ganzheitliche Worterkennung', die explizit nicht als konsekutive Phasen zu verstehen sind.

Als für den Lernprozess problematisch erweist sich nun, dass wir gerade nicht schreiben, wie wir sprechen (u. a. Mattes 2015), es also keine gradlinige Graphem-Phonem-Korrespondenz gibt. Die Schriftzeichen im Deutschen können z. B. mehrere Laute kodieren (etwa das *d* in *Deich* und in *Wind*), in einigen Fällen braucht es mehrere Schriftzeichen für einen Laut (etwa <ph> für /f/), gleiche Laute können unterschiedlich geschrieben werden (*äu* in *Läuse* aber *eu* in *Reuse*, aber auch vier Schreibungen für das lange *i* [i:] z. B. in *Miene, Mine, Vieh, ihm*) oder die gleichen Buchstabenkombinationen werden abhängig von ihrer Lautumgebung anders ausgesprochen (wie *ch* in *Fach, Fächer* und *Flachs*). Daher arbeiten Leseanfänger:innen mit häufig sehr kurzen Wörtern, bei denen eine weitgehende Eins-zu-eins-Relation zwischen Graphemen und Phonemen vorliegt (*Oma, Mimi, am* etc.), die aber auch die „Gefahr" bergen, dass sie einerseits suggerieren, das Schriftdeutsche sei lautgetreu (Bredel/Fuhrhop/Noack 2017), und andererseits schnell als Bilder auswendig gelernt werden können. Dadurch könnten sich die Übergänge von der logographischen über die alphabetische hin zur orthographischen Phase (dazu Frith 1985) verzögern.

2.3 Das große Ganze oder: Die analytische Methode

Ähnliche Kritik gibt es auch an der vom Reformpädagogen Georg Kerschensteiner aus Amerika nach Deutschland importierten analytischen Methode, die eng mit der sogenannten Ganzheitsmethode der Brüder Kern (1937) verwandt ist und auf Annahmen aus der Gestaltpsychologie rekurriert: a) Die Kinder lesen zu Beginn nur inhaltsarme Texte (Brügelmann 2002), werden b) zum Raten verführt und die Methode bewirke c) eine künstliche Verlängerung der voralphabetischen logographischen Phase (Gold 2018, S. 56; Scheerer-Neumann 1997).

Im Vergleich zum synthetischen Verfahren setzt die analytische Methode an der größtmöglichen Struktur – dem Wort – an, das – so die Annahme – ohnehin natürlicherweise als ganzheitliche Gestalt wahrgenommen wird und die Bildung eines sogenannten Merkwortbestandes (Schründer-Lenzen 2013) begünstigt. Auf einer nächsten Stufe, der Durchgliederung, vollzieht sich dann die Analyse von Teilgestalten über den visuellen Vergleich, bevor die dritte Stufe des selbstständigen Erlesens (Synthese) erreicht werden kann (Valtin 2006, S. 764).

Die Durchgliederung kann man sich also so vorstellen, dass durch den Austausch von Buchstaben neue Wörter kreiert werden (*Wind, Rind, Kind*) oder die Kinder aufgefordert werden, als Ganzes gelernte Wörter sukzessive zu reduzieren und wieder aufzubauen: *Hose – Hos – Ho – H – Ha – Has – Hase* (Dürscheid 2012, S. 247). Mit diesem Vorgehen sind jedoch Stolpersteine, wie z. B. Lautvariationen, verbunden, wie wir sie oben schon für *ch* aufgezeigt haben. Eine weitere Hürde sind Wörter mit Doppelkonsonanten. Reduziert man sie nach dem vorgestellten Muster, ändert sich die Vokallänge: *Ratte – Ratt – Rat* und der Versuch, unveränderte Laute zu isolieren, schlägt fehl.

2.4 Der produktive Streit oder: Analytisch-synthetische Verfahren

Ein jahrzehntelanger Methodenstreit und keine eindeutigen Ergebnisse zur Frage, welche Methode am besten geeignet ist (Schmalohr 1976), führten zur Integration beider Verfahren, die die Verbindung von Lese- und Schreibvorgängen von Beginn an ermöglicht.

In Fibel-Lehrgängen stellen Kinder Phonem-Graphem-Korrespondenzen her, indem sie die einzelnen Laute eines gesprochenen Wortes erlernen (analytisch) und diesen anschließend Buchstaben zuordnen, die dann schriftlich zum entsprechenden Wort zusammengefügt werden (synthetisch). Fibeln und Begleitmaterialien sind dabei aufeinander abgestimmt, d. h. dass Wörter, die analysiert werden, auch die Lesetexte konstituieren oder umgekehrt (Gold 2018, S. 111).

Die Reihenfolge der eingeführten Buchstaben orientiert sich nicht am Alphabet, sondern daran, den Kindern schnell ein Grundinventar an schreibmotorisch leicht(er) zu bewältigenden Buchstaben zur Verfügung zu stellen, mit denen zunächst weitestgehend lauttreue Modellwörter gebildet werden können. Zudem lernen die Kinder recht früh auch Funktionswörter, mit denen Satzbildung möglich wird. Grundsätzlich richtet sich die Fibelmethode nämlich an einer an der Schrift orientierten Standardsprache aus (Schründer-Lenzen 2013, S. 146), wobei Wörter mit zu hohem Schwierigkeitsgrad anfangs noch als Piktogramm abgebildet werden (Dürscheid 2012, S. 249). Diese Vorgehensweise ermöglicht es, den Kindern inhaltlich komplexere Textbausteine und grammatisch vollständige Strukturen zu präsentieren, ohne ihre Gedächtnisleistung in zu hohem Maße zu beanspruchen. Orthographische Kompetenzen sind von Beginn an ein Grundbaustein der Fibelmethode. Sie werden über die vielgestaltige Umsetzung von Diktaten (Klassen-, Partner-, Wendediktat o. ä., Leßmann 1998), die Etablierung eines Grundwortschatzes und gezielte Rechtschreibübungen (Ranschburg 1905) erlangt.

Insgesamt handelt es sich um ein instruktives Verfahren, das sich eher über den Frontalunterricht realisieren lässt. Früheren Bedenken, dass die individuellen kognitiven Entwicklungsschritte der Kinder im Rahmen eines unflexiblen Ansatzes unberücksichtigt bleiben, stehen inzwischen moderne Fibellehrgänge gegenüber, die es Lehrkräften durch ein Baukastensystem ermöglichen, Binnendifferenzierungen vorzunehmen.

2.5 Auf die Plätze, fertig, schreiben oder: LdS und der Spracherfahrungsansatz

Dreh- und Angelpunkt der vom Schweizer Pädagogen Jürgen Reichen entwickelten Lesen-durch-Schreiben-Methode (LdS, Reichen 1988) ist die Anlauttabelle (der sogenannte Reichenbogen), auf der in Hufeisen-Form Buchstaben angeordnet sind, denen Bilder zugeordnet wurden. Die Objektnamen beginnen jeweils mit dem zugeordneten Buchstaben. So ist dem Buchstaben K beispielsweise ein Bild von einem Krokodil beigefügt.

Mit diesem Hilfsmittel, „das als Gedächtnisstütze für Phonem-Graphem-Verbindungen schon in mittelalterlichen Unterrichtsformen vor[kam]„ (Schneider 2017, S. 115), sollen Kinder in die Lage versetzt werden, in aller Freiheit zu schreiben. Diese Freiheit ist mit Blick auf orthographische Normen zu verstehen, denn eine Rechtschreibkontrolle findet nicht statt. Sie ist aber auch mit Blick auf die Form des Unterrichts zu verstehen, der als eine Art Werkstatt gestaltet werden soll und den Schüler:innen selbstgesteuertes Lernen ermöglicht. Die Lesefähigkeit soll sich dabei Reichen (2001) zufolge von selbst einstellen.

Wir versuchen das einmal ansatzweise an der Schreibung des Wortes *BÜFFEL* nachzuvollziehen: Das Kind muss das Wort selbstständig in Lautsegmente aufteilen und die korrespondierenden Buchstaben finden. Beim *B* wird das vermutlich problemlos gelingen, das *Ü* allerdings wird durch ein Verkehrsschild illustriert, dessen Bedeutung (Überholverbot) das Kind schon kennen muss. Es wird weiterhin die Lautsegmente /f/ und /l/ suchen und als Resultat vermutlich *BÜFL* oder *BÜVL* erhalten. Ohne Rechtschreibkenntnisse kann das Kind nämlich a) nicht wissen, dass das Wort einen Doppelkonsonanten enthält und b) durch welchen Buchstaben das Phonem /f/ an dieser Stelle realisiert werden muss. Es ist zudem unwahrscheinlich, dass es den Schwa-Laut hört, weshalb er auch nicht verschriftlicht wird. Das Schreibprodukt nun wird das Kind so in keinem Text finden, den es zu lesen versucht. Folglich wird es ihm schwerfallen, das Wort *BÜFFEL* in einem Text zu erkennen.

Der Abgleich zwischen der eigenen und der regelkonformen Schreibweise ist kognitiv sehr aufwendig. Gleichzeitig ist es für Lehrkräfte schwierig, bei diesem Prozess hinreichend zu unterstützen, da nicht alle individuellen Verschriftlichungen antizipiert werden können. In der Folge erfahren die Kinder nicht die Anleitung, die sie zweifelsohne benötigen, und auch der kommunikative Austausch wird erschwert, weil die erstellten Texte kaum für andere (Kinder) lesbar sind. Die Reichen-Methode nimmt innerhalb des Spracherfahrungsansatzes allerdings eine Sonderstellung ein. Brügelmann/Brinkmann (1998), die den reformpädagogischen „language experience approach" aus den USA weiterentwickelt haben, sehen in ihrem Vier-Säulen-Modell neben dem freien Schreiben mit Anlauttabelle (1) sowohl das Vorlesen (2) als auch Erklären und Modellieren grundlegender Umgangsweisen mit Schrift (3) und Übungen mit besonders häufigen oder persönlich wichtigen Wörtern (4) vor (vgl. auch Gold 2018, S. 114). Die Fehler, die beim freien Schreiben entstehen, werden dabei als Indikatoren für die individuelle Entwicklungsstufe innerhalb des Schriftspracherwerbs honoriert und daher im ersten Jahr nicht korrigiert. In diesem Rahmen benötigt die Lehrkraft eine ausgeprägte diagnostische Kompetenz, tritt aber ansonsten eher moderierend auf, was kontrovers diskutiert wird.

Zusammenfassend lässt sich sagen, dass in vergleichenden Methodenstudien so gut wie nie ein Vorteil aus der Reichen-Methode resultierte (Gold 2018, S. 123), es aber auch hinsichtlich der anderen hier vorgestellten Verfahren keine eindeutigen Ergebnisse gibt. Das lässt sich einerseits methodenpraktisch begründen (siehe dazu Brügelmann 2019, S. 10), andererseits dadurch, dass heute kaum noch Verfahren exklusiv zur Anwendung kommen. Vielmehr werden Elemente miteinander kombiniert, um Schulanfänger:innen möglichst individuell fördern zu können. Systematische Instruktion, erkennbare Struktur und eher lehrkraftorientierte Ansätze scheinen sich insgesamt förderlich auf den Anfangsunterricht auszuwirken, insbesondere dann, wenn die Lerngruppen lernschwächere Schüler:innen aufweisen (Schründer-Lenzen 2013).

Ein aus unserer Sicht äußerst wichtiges Ergebnis von Vergleichsstudien ist aber, dass der methodischen (May 2001; Poerschke 1999; Brügelmann 2019), diagnostischen und Classroom-Management-Kompetenz (Gold 2018, S. 123) der Lehrkraft offenbar eine besondere Rolle zukommt: So kommt Brügelmann (2019, S. 1) zu dem Fazit, dass wir „mehr Lehrer*innen [brauchen], die den Schriftspracherwerb von Kindern verstehen, die über ein breites methodisches Repertoire verfügen und ihren Unterricht mit Engagement betreiben" (vgl. auch Helmke 2009, S. 78).

3. Das Aufgabenspektrum für Lehrkräfte

Es ist also ein komplexes Anforderungsprofil, dem Lehrkräfte an Grundschulen gerecht werden müssen. Sie benötigen neben fundierten Kenntnissen in Mathematik und mindestens einem anderen Fach a) fundierte Kenntnisse in den sprachwissenschaftlichen Teildisziplinen Phonetik/Phonologie, Orthographie und Graphematik, Morphologie, Syntax, Semantik, Pragmatik und Textlinguistik und psycholinguistische Kenntnisse mit Blick auf die Spracherwerbs- und Schriftspracherwerbsstufen. Angesichts der sprachlich-kulturellen Vielfalt in unserer Gesellschaft und folglich auch in den Grundschulen sollten Grundschullehrkräfte b) auch über sprachtypologische Grundlagen und Grundlagen in der linguistischen Mehrsprachigkeitsforschung verfügen (vgl. Maas 2015, S. 118), um eine „Didaktik der Sprachenvielfalt" umsetzen zu können (Wildemann/Vach 2022, S. 24ff.). Sie sollten c) über ein breites methodisches Repertoire verfügen, das sie dank diagnostischer Kompetenz (d) dynamisch an die individuellen Lerntypen anpassen können. In diesem Zusammenhang steht auch die Auswahl adäquater Förderangebote (e). Eine Querschnittskompetenz, die im digitalen Zeitalter sowohl methodisch als auch inhaltlich ausgeprägt und unabdingbar ist, ist Medienkompetenz (f) (u. a. Staiger 2007, der von einer Medienkulturdidaktik spricht). Darüber hinaus obliegt es dem Verantwortungsbereich von Grundschullehrer:innen, für ein Klassenklima zu sorgen (g), das allen Kindern das Lernen in zugewandter, solidarischer und produktiver Umgebung ermöglicht. Das Anforderungsprofil weist also hinaus über die Grenzen des Deutschunterrichts und bindet Ressourcen der Schule und des schulischen Umfelds für die sprachliche und literale Bildung ein (Wildemann/Vach 2022, S. 10).

Dem gegenüber stehen ein

- „massives Qualitätsproblem, [denn] die Vermittlung von Lesen und Schreiben, [gelingt] nicht in hinreichendem Maße" (Schründer-Lenzen 2009, S. 9) bei verstärkter politischer und gesellschaftlicher Beobachtung,
- stark reduzierte Stunden für den Sprachunterricht, aber
- erweiterte Ziele, etwa im Hinblick auf die Textarbeit,
- schwierige Rahmenbedingungen (Brügelmann 2019, S. 1) durch multifaktorielle Heterogenität,

- ein exorbitant verspäteter, nur durch die Corona-Krise ausgelöster Digitalisierungsschub (Gabert 2023; Budde et al. (Hg.) 2022), aus dem Bildungskonzepte erst sukzessive in die Primarstufen-Studienangebote implementiert werden,

- unzureichende pädagogisch-psychologische Angebote, mit denen Grundschullehrkräfte für die medialen Herausforderungen (etwa digitale Gewalt, Desinformation etc.) vorbereitet werden, und

- fehlende gegenstandsbezogene Qualitätsstandards.

So fordern Wildemann/Vach (2022, S. 34) einen Referenzrahmen, dem „vornehmlich prozessbezogene Standards, also Opportunity-to-learn-Standards zugrunde liegen und der Lehrkräften eine Orientierung für die Unterrichtsgestaltung gibt" und die vier Anforderungs- und Handlungsebenen Schüler:innen (1), Lehrkräfte (2), Inhalte und Kompetenzen (3) und Unterricht (4) betrifft. Diese sind „in außerschulische Bedingungsfaktoren (Familie, Peers usw.) als auch in schulische Rahmenbedingungen (Schulklima, Curriculum, Bildungsstandards, Klassengröße, Region usw.)" eingebettet und können Wildemann/Vach (2022, S. 34) zufolge erst im Zusammenwirken einen „kompetenzorientierten Sprachlichen Anfangsunterricht" ermöglichen.

Diese Forderung ist bemerkenswert, weil sie die Unsicherheiten adressiert, die in Online-Foren (wie z. B. lehrerforen.de) diskutiert werden. Anekdotisch zeigt sich hier, dass sich Lehrkräfte intensiv mit Fibeln von unterschiedlichen Verlagen auseinandersetzen und darauf zurückgreifen, Unterrichtsmaterialien abhängig von der Klassen-Konstitution und auch nach persönlichen Vorlieben individuell zusammenzustellen. Das hat unter Umständen zur Folge, dass an Schulen z. T. sogar innerhalb von Jahrgängen unterschiedliche Lehrbücher verwendet werden, was in der alltäglichen Praxis nicht nur die Kooperation unter Kolleg:innen erschwert, sondern auch die systematische (methodisch umsetzbare) Qualitätskontrolle. Es zeigt aber gleichzeitig, dass diese Entscheidungen Lehrenden weitestgehend überlassen bleiben – eine Aufgabe, die viele Ressourcen bindet und abhängig von der Ausbildung und dem individuellen Engagement mehr oder weniger gut erfüllt werden kann.

Ein zweites Feld, in dem bislang vor allem Eigeninitiative gefordert ist, weil sich unter anderem in den Bildungsstandards der Kultusministerkonferenz (KMK) kaum konkrete Hinweise finden lassen, ist der Aufbau von Medienkompetenz. Erschwerend kommt hinzu, dass in unserem digital geprägten Alltag grundsätzlich „für viele Bildungsbereiche […] noch unklar [ist], wie die digitale Transformation adäquat umgesetzt werden kann und welche Rolle den unterschiedlichen Akteur*innen jeweils zukommt" (Mayer et al. 2021, S. 164). Dabei handelt es sich um eine für die Teilhabe an gesellschaftlichen Kommunikations- und Gestaltungsprozessen erforderliche Qualifikation, die dazu dient, „das eigene Selbst- und Weltverständnis zu entwickeln und zum Ausdruck zu bringen" (Wildemann/Vach 2022, S. 102). Mit Medienkompetenz ist zwar auch die technisch-instrumentelle Bedienkompetenz von z. B. Smart Boards, Tablets oder auch PowerPoint, Slack oder ChatGPT gemeint. Es geht aber vielmehr um Medienrezeptions- und Mediennutzungskompetenz und damit um die Fähigkeit, Inhalte kritisch auf ihre sprachliche Angemessenheit und sachliche Richtigkeit zu prüfen, es geht um den Einsatz und die Evaluierung von Künstlicher Intelligenz, um Rechercheaufgaben, um kreative, informierte Partizipation (Hugger 2022, S. 2) und um Gewaltprävention. Dieser Bereich ist durch rasche Entwicklungen gekennzeichnet und erfordert die kontinuierliche Adaptation von Wissen, Verhalten und selbstbestimmtem Handeln (vgl. Groeben/Hurrelmann 2002).

Eine dritte bislang nur unbefriedigend umgesetzte Aufgabe ist der mehrsprachigkeitsintegrierende Deutschunterricht, wofür Wildemann/Vach (2022, S. 20) angesichts der häufig großen sprachlichen Heterogenität drei Gründe identifizieren: 1. die unzureichende fachwissenschaftliche und fachdidaktische Qualifizierung von Lehrkräften, 2. der Mangel an Unterrichtsmaterialien und 3. die individuelle Haltung (Einstellung) gegenüber Mehrsprachigkeit, die sich in Ignoranz oder gar Ablehnung ausdrücken kann und einen wertschätzenden Umgang mit dem Reichtum sprachlicher Ressourcen verhindert.

In Studienangeboten für den Primarbereich sind diese Herausforderungen schon partiell adressiert. Wir haben stichprobenartig Studien- und Prüfungsordnungen für das Grundschullehramt aus allen Bundesländern quergelesen und DaF-/DaZ-Angebote als fakultative Komponenten gefunden. Allerdings ist der Umgang mit Heterogenität in manchen Studienplänen ausschließlich dem erziehungswissenschaftlichen Bereich zugeordnet, was eine intensive sprachwissenschaftlich fundierte Auseinandersetzung unwahrscheinlich macht. Medienpädagogische Qualifikation ist als Zusatzqualifikation vorgesehen, aber nicht durchgängig curricular verankert. Die fachwissenschaftliche Ausbildung ist in vielen Studiengängen schulartenübergreifend angelegt, sodass Studierende für Deutsch an Grundschulen nicht nur dieselben Grundlagenkurse für Sprachwissenschaft belegen wie Studierende für das Lehramt an weiterführenden Schulen, sondern auch wissenschaftsmethodisch auf einem für die Berufspraxis an Grundschulen nicht erforderlichen hohen Niveau ausgebildet werden. Die Impulse in den Studienordnungen, aber auch die derzeitig zahlreichen Ausschreibungen für fachwissenschaftliche und fachdidaktische Professuren im Primarbereich, lesen wir als deutliche Hinweise darauf, dass der hohe Stellenwert exzellent ausgebildeter Grundschullehrkräfte erkannt wurde. Grundschullehrkräfte legen Grundsteine für unsere Zukunft, indem sie Kinder mit essenziellen, in unserer Transformationsgesellschaft unabdingbaren Kulturtechniken vertraut machen: Lesen, Schreiben, Medienkompetenz. Uns ist es ein Anliegen, die Arbeit an differenzierten, linguistisch fundierten und um zeitgemäße Inhalte erweiterten akademischen Lehrveranstaltungen mit den hier zusammengetragenen Publikationen zu unterstützen.

4. Zur Handhabung des bibliografischen Teils

Die nachfolgende Bibliografie folgt im Aufbau unserem thematischen Einleitungskapitel. So haben wir uns von den folgenden Fragen leiten lassen: Welche sprachlichen Vorkenntnisse haben Schüler:innen, die gerade dem Kindergartenalter entwachsen sind? Welche Unterrichtsinhalte machen das Grundschulfach Deutsch aus? Welche Kompetenzen brauchen (zukünftige) Lehrkräfte, um diese Inhalte vermitteln zu können? Vor welchen weiteren konkreten Aufgaben und Herausforderungen stehen Grundschullehrkräfte im (digitalen) Alltag an Grundschulen?

Der erste Teil (B1) setzt sich also aus Forschungsarbeiten zum Spracherwerb zusammen, wobei wir spezifische Arbeiten zum Lexikon- oder Bedeutungserwerb (B1.1) sowie zum Grammatikerwerb (B1.2) gesondert aufführen. Die Arbeiten zum Pragmatikerwerb (B1.3) umfassen Studien zum Wissen über Sprache, zum Erwerb von Erzähl- und Diskursfähigkeiten, aber auch zum Verständnis von humoristischer Kommunikation. Da Kinder insbesondere durch das Vorlesen mit Schriftsprache vertraut gemacht werden, es sich hier aber gleichfalls um Interaktionssituationen handelt, in denen Kinder Zugang zu einem reichen, bildhaften Wortschatz, zu neuen grammatikalischen Kategorien und unterschiedlichen Registern erhalten, haben wir Forschungsarbeiten zu diesem Thema ebenfalls dem Spracherwerb zugeordnet.

Im zweiten Teil (B2) war es uns wichtig, dass die von der KMK vorgegebenen Kompetenzbereiche (KMK 2022: 8–9, 10–21; Bremerich-Vos et al. (Hg.) 2018) *Sprechen und Zuhören* (B2.1), *Lesen* (B2.2), *Schreiben* (B2.4) (jeweils prozessbezogen) und *Sich mit Texten und anderen Medien auseinandersetzen* (B2.3) sowie *Sprache und Sprachgebrauch untersuchen* (B2.5) (jeweils domänenspezifisch) als vertrauter roter Faden durch das Verzeichnis führen und so die Orientierung erleichtern. Ergänzt haben wir diesen Teil um Arbeiten, die u. a. historische Normierungsprozesse im Bereich der Orthografie nachvollziehbar machen (B2.6).

Mit den im dritten Teil (B3) gelisteten Forschungsarbeiten versuchen wir das oben skizzierte komplexe Anforderungsprofil für Grundschullehrkräfte zu adressieren. Somit sind über die grundlegenden fachdidaktischen (B3.1.1) und fachwissenschaftlichen (B3.1.2) Arbeiten hinaus wissenschaftliche Veröffentlichungen zu Vielfalt (B3.3), erforderlichen supportiven Kompetenzen (B3.4) und zum Classroom-Management (B3.5) in die Bibliografie integriert worden. Bei den linguistischen Fachbüchern haben wir uns auf eine Auswahl gut verständlicher Einführungen oder

Arbeitsbücher beschränkt, die aus unserer Sicht die Neugier auf und die Freude an der Arbeit mit Sprache steigern können.

Den Abschluss bilden Angaben zu Zeitschriften (B4), in denen kontinuierlich relevante Fragen im Bereich Deutsch in der Grundschule thematisiert werden, und eine facettenreiche Materialsammlung (B5) mit Spiel-, Podcast- und Filmempfehlungen ebenso wie Hinweise auf hilfreiche Online-Angebote und Social-Media-Accounts (B6).

Erfreulicherweise ist ein großer Teil der hier aufgeführten Literatur digital (und meist kostenfrei) zugänglich, wir haben die Aktualität der Links am 7. März 2024 zum letzten Mal eruiert. Um Forschungsarbeiten, die mehreren Kategorien zugeteilt werden könnten, nicht doppelt aufzuführen, haben wir uns mit Tags in eckigen Klammern beholfen, die auf weitere zutreffende Zuordnungen verweisen. Wir wünschen eine inspirierende Lektüre.

Greifswald im April 2024   Konstanze Marx und Max Hoferichter

5. Literatur zum einleitenden Teil

Ash, Gwynne Ellen (2012): Catching Lightning in a Jar: The craft of metaphor in children's literature. In: Journal of Children's Literature 38, 1, S. 69–74.

Bahn, Daniela (2021): Die Verarbeitung von Emotionsbegriffen und emotionalen Gesichtsausdrücken bei Kindern mit unauffälligem Spracherwerb und Kindern mit Sprachentwicklungsstörung. Universität Marburg: Dissertationsschrift.
https://archiv.ub.uni-marburg.de/diss/z2023/0070/pdf/ddb.pdf (Stand: 1.7.2024)

Becker, Tabea (2014): Sprachliches und literarisches Lernen an Bilderbüchern. In: Abraham, Ulf/Knopf, Julia (Hg.): BilderBücher. (= Deutschdidaktik für die Grundschule 1). Baltmannsweiler: Schneider Verlag Hohengehren, S. 164–174.

Becker, Tabea/Wieler, Petra (Hg.) (2013): Erzählforschung und Erzähldidaktik heute. Entwicklungslinien – Konzepte – Perspektiven. (= Stauffenburg Deutschdidaktik 1). Tübingen: Stauffenburg.

Behrens, Heike/Madlener, Karin/Skoruppa, Katrin (2016): The role of scaffolding in children's questions: Implications for (preschool) language assessment from a usage-based perspective. In: Yearbook of the German Cognitive Linguistics Association GCLA 4, S. 237–259.

Ben Zeev, Sandra (1977): The influence of bilingualism on cognitive strategy and cognitive development. In: Child Development 48, S. 1009–1018.

Bernicot, Josie/Laval, Virginie (2004): Speech acts in children: The example of promises. In: Noveck, Ira A./Sperber, Dan (Hg.): Experimental Pragmatics. Basingstoke: Palgram Macmillan, S. 207–227.

Bialystok, Ellen (1986): Children's concept of word. In: Journal of Psycholinguistic Research 15, S. 13–32.
https://doi.org/10.1007/BF01067389 (Stand: 1.7.2024)

Bialystok, Ellen/Martin Michelle M. (2003): Notation to symbol: Development in children's understanding of print. In: Journal of Experimental Child Psychology 86, 3, S. 223–243.
https://doi.org/10.1016/s0022-0965(03)00138-3 (Stand: 1.7.2024)

Bialystok, Ellen/McBride-Chang, Catherine/Luk, Gigi (2005): Bilingualism, language proficiency, and learning to read in two writing systems. In: Journal of Educational Psychology 97, 4, S. 580–590.
https://doi.org/10.1037/0022-0663.97.4.580 (Stand: 1.7.2024)

Bredel, Ursula/Fuhrhop, Nanna/Noack, Christina (2017): Wie Kinder lesen und schreiben lernen. 2., überarb. Aufl. Tübingen: Narr.

Bremerich-Vos, Albert/Granzer, Dietlinde/Behrens, Ulrike/Köller, Olaf (Hg.) (2018): Bildungsstandards für die Grundschule. Deutsch konkret. Aufgabenbeispiele, Unterrichtsanregungen, Fortbildungsideen. 6. Aufl. (= Lehrbücherei Grundschule). Berlin: Cornelsen.

Brügelmann, Hans (2013): Kinder auf dem Weg zur Schrift. Eine Fibel für Lehrer und Laien. 8. Aufl. Lengwil: Libelle.

Brügelmann, Hans (2019): „Die Schüler*innen heute können nicht mehr lesen und schreiben" – wirklich nicht (mehr)? In: PeDocs. https://doi.org/10.25656/01:18534 (Stand: 1.7.2024)

Brügelmann, Hans/Brinkmann, Erika (1998): Die Schrift erfinden – Beobachtungshilfen und methodische Ideen für einen offenen Anfangsunterricht im Lesen und Schreiben. Lengwil: Libelle.

Budde, Jürgen/Lengyel, Drorit/Böning, Caroline/Claus, Carolina/Weuster, Nora/ Doden, Katharina/Schroedler, Tobias (Hg.) (2022): Schule in Distanz – Kindheit in Krise. Auswirkungen der Covid-19 Pandemie auf Wohlbefinden und Lebensbedingungen von Kindern und Jugendlichen. (= Erziehungswissenschaftliche Edition: Persönlichkeitsbildung in Schule). Wiesbaden: Springer VS. https://doi.org/10.1007/978-3-658-36942-2 (Stand: 1.7.2024)

Colston, Herbert L./Kuiper, Melissa S. (2002): Figurative language development research and popular children's literature: Why we should know, „Where the wild things are". In: Metaphor and Symbol 17, 1, S. 27–43.

Dannerer, Monika (2012): Narrative Fähigkeiten und Individualität. Mündlicher und schriftlicher Erzählerwerb im Längsschnitt von der 5. bis zur 12. Schulstufe. (= Stauffenburg Linguistik). Tübingen: Stauffenburg.

Dürscheid, Christa (2012): Einführung in die Schriftlinguistik. 4., überarb. u. akt. Aufl. Göttingen: Vandenhoeck & Ruprecht.

Filippova, Eva (2014): Irony production and comprehension. In: Matthews, Danielle (Hg.): Pragmatic development in first language acquisition. Amsterdam: Benjamins, S. 216–278.

Frith, Ute (1985): Beneath the surface of developmental dyslexia. In: Patterson, Karalyn E./Marshall, John C./Coltheart, Max (Hg.): Surface dyslexia. Neuropsychological and cognitive studies of phonological reading. London/ Hillsdale: Erlbaum, S. 301–327.

Gabert, Sandra (2023): Digitale Grundschulen – vor, während und nach Corona. In: Ahrens, Diane (Hg.): Smart Region: Angewandte digitale Lösungen für den ländlichen Raum. Wiesbaden: Springer, S. 227–244.

Gold, Andreas (2018): Lesen kann man lernen. Wie man die Lesekompetenz fördern kann. 3., völlig überarb. Aufl. Göttingen: Vandenhoeck & Ruprecht.

Gressnich, Eva/Müller, Claudia/Stark, Linda (Hg.) (2015): Lernen durch Vorlesen: Sprach- und Literaturerwerb in Familie, Kindergarten und Schule. Tübingen: Narr.

Groeben, Norbert/Hurrelmann, Bettina (2002): Medienkompetenz. Voraussetzungen, Dimensionen, Funktionen. Weinheim/München: Juventa.

Günther, Klaus B. (1986): Ein Stufenmodell der Entwicklung kindlicher Lese- und Schreibstrategien. In: Brügelmann, Hans (Hg.): ABC und Schriftsprache: Rätsel für Kinder, Lehrer und Forscher. Konstanz: Faude, S. 32–54.

Haider, Michael/Böhme, Richard/Gebauer, Susanne/Gößinger, Christian/Munser-Kiefer, Meike/Rank, Astrid (Hg.) (2023): Nachhaltige Bildung in der Grundschule. (= Jahrbuch Grundschulforschung 27). Bad Heilbrunn: Klinkhardt

Hauser, Stefan (2005): Wie Kinder Witze erzählen. Eine linguistische Studie zum Erwerb narrativer Fähigkeiten. (= Zürcher Germanistische Studien 60). Bern: Lang.

Helmke, Andreas (2009): Unterrichtsqualität und Lehrerprofessionalität. Diagnose, Evaluation und Verbesserung des Unterrichts. Seelze: Klett/Kallmeyer.

Hoicka, Elena (2014): The pragmatic development of humor. In: Matthews, Danielle (Hg.): Pragmatic Development in First Language Acquisition. Amsterdam: Benjamins, S. 219–238.

Hugger, Kai-Uwe (2022): Medienkompetenz. In: Sander, Uwe/von Gross, Friederike/Hugger, Kai-Uwe (Hg.): Handbuch Medienpädagogik. 2. Aufl. Wiesbaden: Springer VS, S. 67–80.

Ickelsamer, Valentin (1534/1882): Die rechte weis auffs kürtzist lesen zu lernen. In: Fechner, Heinrich (Hg.): Vier seltene Schriften des sechzehnten Jahrhunderts. Berlin: Wiegandt und Grieben, o.S.
https://mdz-nbn-resolving.de/details:bsb11023569

Jäkel, Olaf (2008): Die Vielfalt früher Sprachbewusstheit: Evidenz aus zwei Spracherwerbskorpora. In: Funke, Reinhold/Jäkel, Olaf/Januschek, Franz (Hg.): Denken über Sprechen: Facetten von Sprachbewusstheit. Flensburg: Flensburg University Press, S. 73–91.

Jordan, Peter (1533): Leyenschul. Mainz. Neuauflage (1987): Die „Leyenschul" von 1533. (= Giessener Dokumentationsreihe Heil- und Sonderpädagogik 7). Gießen: Institut für Heil- und Sonderpädagogik.

Kern, Artur/Kern, Erwin (1937): Lesen und Lesenlernen. Eine psychologisch-didaktische Darstellung. 2., stark erw. Aufl. Freiburg i. Br.: Herder.

Kultusministerkonferenz (2022): Bildungsstandards für das Fach Deutsch. Primarbereich. Beschluss der Kultusministerkonferenz vom 15.10.2004, i. d. F. vom 23.6.2022. https://www.kmk.org/fileadmin/Dateien/veroeffentlichungen_beschluesse/2022/2022_06_23-Bista-Primarbereich-Deutsch.pdf (Stand: 1.7.2024)

Kümmerling-Meibauer, Bettina/Meibauer, Jörg (2011): Lügenerwerb und Geschichten vom Lügen. In: Zeitschrift für Literaturwissenschaft und Linguistik 162, S. 114–134.

Leseman, Paul P. M./Scheele, Anna F./Mayo, Aziza Y./Messer, Marielle H. (2007): Home literacy as a special language environment to prepare children for school. In: Zeitschrift für Erziehungswissenschaft 10, S. 334–355.

Leßmann, Beate (1998): Schreiben und Rechtschreiben – Ein Praxisbuch zum individuellen Rechtschreibtraining. Heinsberg: Dieck.

Maas, Utz (2008): Sprache und Sprachen in der Migrationsgesellschaft. Die schriftkulturelle Dimension. (= Schriften des Instituts für Migrationsforschung und Interkulturelle Studien der Universität Osnabrück 15). Göttingen: V&R unipress.

Maas, Utz (2015): B 1 Laute und Buchstaben – zu den phonographischen Grundlagen des Schrifterwerbs. In: Röber, Christa/Olfert, Helena (Hg.): Schriftsprach- und Orthographieerwerb: Erstlesen, Erstschreiben. (= Deutschunterricht in Theorie und Praxis 2). Baltmannsweiler: Schneider Verlag Hohengehren, S. 113–139.

Marx, Peter (2007): Lese- und Rechtschreiberwerb. Paderborn: Schöningh.

Mattes, Veronika (2015): A 2 Die Maxime „Schreib, wie du sprichst" als didaktische Instruktion für den Schrifterwerb. In: Röber/Olfert (Hg.), S. 11–29.

May, Peter (2001): Lernförderlicher Unterricht. Teil 1: Untersuchung zur Wirksamkeit von Unterricht und Förderunterricht für den schriftsprachlichen Lernerfolg. Frankfurt a. M.: Lang.

Mayer, Johannes/Lemensieck, Antonia/Reinhardt, Maria/Wollmann, Karl (2021): Fachliche Perspektiven auf digitalisierungsbezogene Lernangebote in der Ausbildung von Grundschullehrer*innen. In: Holub, Barbara/Himpsl-Gutermann, Klaus/Mittlböck, Katharina/Musilek-Hofer, Monika/Varelija-Gerber, Andrea/Grünberger, Nina (Hg.): lern.medien.werk.statt. Hochschullernwerkstätten in der Digitalität. Bad Heilbrunn: Klinkhardt, S. 163–178.

Mehlem, Ulrich (2015): B 4 Sprachanalytische Fähigkeiten mehrsprachiger Kinder am Schulanfang. In: Röber/Olfert, (Hg.), S. 227–252.

Müller, Claudia (2015): B 2 Sprachliches Wissen von Kindern am Schriftanfang. Anmerkungen zu dem Konstrukt „Phonologische Bewusstheit". In: Röber/Olfert, (Hg.), S. 140–162.

Poerschke, Jan (1999): Anfangsunterricht und Lesefähigkeit. Münster/New York/München/Berlin: Waxmann.

Ranschburg, Paul (1905): Über die Bedeutung der Ähnlichkeit beim Erlernen, Behalten und bei der Reproduktion. In: Journal für Psychologie und Neurologie 5, S. 93–127.

Rautenberg, Iris (2022): A4 Didaktische Ansätze zum Schriftspracherwerb im Anfangsunterricht. In: Röber, Christa/Olfert, Helena (Hg.): Schriftsprach- und Orthographieerwerb: Erstlesen, Erstschreiben. 2. überarb. u. erw. Aufl. (= Deutschunterricht in Theorie und Praxis 2). Baltmannsweiler: Schneider Verlag Hohengehren, S. 54–77.

Reichen, Jürgen (1988): Lesen durch Schreiben. Wie Kinder selbstgesteuert Lesen lernen. Heft 1. 3. Aufl. Zürich: Sabe.

Reichen, Jürgen (2001): Hannah hat Kino im Kopf. Die Reichen-Methode Lesen durch Schreiben und ihre Hintergründe für LehrerInnen, Studierende und Eltern. Hamburg: Heinevetter.

Röber, Christa (2009): Die Leistungen der Kinder beim Lesen- und Schreibenlernen – Grundlagen der Silbenanalytischen Methode. Baltmannsweiler: Schneider Verlag Hohengehren.

Röber, Christa/Olfert, Helena (Hg.) (2015): Schriftsprach- und Orthographieerwerb: Erstlesen, Erstschreiben. (= Deutschunterricht in Theorie und Praxis 2). Baltmannsweiler: Schneider Verlag Hohengehren

Röber, Christa/Olfert, Helena (2015): Vorwort der Herausgeberinnen des Bandes. In: Röber/Olfert, (Hg.), S. XIV–XVII.

Rubin, Hyla/Turner, Anne (1989): Linguistic awareness skills in grade one children in a French immersion setting. In: Reading and writing: An interdisciplinary journal 1, S. 73–86.
https://doi.org/10.1007/BF00178839

Schäfer, Roland (2018): Einführung in die grammatische Beschreibung des Deutschen. 3., überarb. u. erw. Aufl. Berlin: Language Science Press.
https://langsci-press.org/catalog/book/224 (Stand: 1.7.2024)

Scheerer-Neumann, Gerheid (1997): Lesen und Leseschwierigkeiten. In: Weinert, Franz E. (Hg.): Psychologie des Unterrichts und der Schule. Enzyklopädie der Psychologie. (= Pädagogische Psychologie 3). Göttingen: Hogrefe, S. 279–325.

Schmalohr, Emil (1976): Psychologie des Erstlese- und Schreibunterrichts. 3. Aufl. München/Basel: Reinhard.

Schneider, Wolfgang (2017): Lesen und Schreiben lernen. Wie erobern Kinder die Schriftsprache? Berlin: Springer.

Schründer-Lenzen, Agi (2013): Schriftspracherwerb. 4., völlig überarb. Aufl. Wiesbaden: Springer VS.

Schulz, Petra (2008): Erstspracherwerb Deutsch: Sprachliche Fähigkeiten von Eins bis Zehn. In: Graf, Ulrike/Moser Opitz, Elisabeth (Hg.): Diagnostik und Förderung im Elementarbereich und Grundschulunterricht. Lernprozesse wahrnehmen, deuten und begleiten. 2., überarb. Aufl. Baltmannsweiler: Schneider Verlag Hohengehren, S. 67–86.

Staiger, Michael (2007): Medienbegriffe, Mediendiskurse, Medienkonzepte. Bausteine einer Deutschdidaktik als Medienkulturdidaktik. Baltmannsweiler: Schneider Verlag Hohengehren.

Stark, Linda (2016): Vorlesen und Präteritum. Baltmannsweiler: Schneider Verlag Hohengehren.

Stude, Juliane/Fekete, Olga (2021): Kindliche Sensibilität für gattungsspezifische Gestaltungsmittel – Zur Modellfunktion literaler Texte am Beispiel von Nacherzählungen Siebenjähriger. In: Börjesson, Kristin/Meibauer, Jörg (Hg.): Pragmatikerwerb und Kinderliteratur. (= Studien zur Pragmatik 4). Tübingen: Narr, S. 103–124.

Tolchinsky, Liliana (2004): Childhood conceptions of literacy. In: Nunes, Terezinha/Bryant, Peter (Hg.): Handbook of children's literacy. Dordrecht/u. a.: Kluwer, S. 11–29.

Uhl, Benjamin Jakob (2021): Pragmatikerwerb und Kinderliteratur in der Grundschule: Mit textlosen Bilderbüchern protoliterale und protoliterare Erzählfähigkeiten fördern. In: Börjesson, Kristin/Meibauer, Jörg (Hg.): Pragmatikerwerb und Kinderliteratur. (= Studien zur Pragmatik 4). Tübingen: Narr, S. 116–135.

Valtin, Renate (2006): Methoden des basalen Lese- und Schreibunterrichts. In: Bredel, Ursula/Günther, Hartmut/Klotz, Peter/Ossner, Jakob/Siebert-Ott, Gesa (Hg.): Didaktik der deutschen Sprache. 2 Bde. 2. durchges. Aufl. Paderborn u.a.: Schöningh, S. 760–771.

Vasek, Marie E. (1986): Lying as a skill: The development of deception in children. In: Mitchell, Robert/Thompson, Nicholas (Hg.): Deception perspectives on human and nonhuman deceit. New York: State University of New York Press, S. 271–292.

Vogt, Swetlana/Indefrey, Peter (2017): Metaphernerwerb: eine empirische Studie bei Kindern im Alter von sechs bis vierzehn Jahren. In: Metaphorik.de 27, S. 71–106. https://www.metaphorik.de/sites/www.metaphorik.de/files/journal-pdf/vogt-indefrey_metaphorik-27.pdf (Stand: 1.7.2024)

von Lehmden, Friederike/Kauffeldt, Johanna/Belke, Eva/Rohlfing, Katharina (2013): Das Vorlesen von Kinderbüchern als implizites Mittel zur Sprachförderung im Bereich Grammatik. In: Praxis Sprache 1, S. 18–27.

Walsh, Sue (2003): Irony? – But children don't get it, do they? The idea of appropriate language in narratives for children. In: Children's Literature Association Quarterly 28, 1, S. 26–36.

Wieler, Petra (1997): Vorlesen in der Familie. Fallstudien zur literarisch-kulturellen Sozialisation von Vierjährigen. Weinheim/München: Juventa.

Wildemann, Anja/Vach, Karin (2022): Deutsch unterrichten in der Grundschule. Kompetenzen fördern, Lernumgebungen gestalten. 6. Aufl. Hannover: Klett/Kallmeyer.

Yelland, Gregory W./Pollard, Jacinta/Mercury, Anthony (1993): The metalinguistic benefits of limited contact with a second language. In: Applied Psycholinguistics 14, S. 423–444.

B. BIBLIOGRAFISCHER TEIL

1. Spracherwerb: Was bringen Schulkinder mit?

1. ANDRESEN, Helga (2011): Entstehung von Sprachbewusstheit in der frühen Kindheit – Spracherwerbstheoretische und didaktische Perspektiven. In: Köpcke, Klaus-Michael/Noack, Christina (Hg.): Sprachliche Strukturen thematisieren. Sprachunterricht in den Zeiten der Bildungsstandards. Baltmannsweiler: Schneider Verlag Hohengehren, S. 15–26.
2. BRUNER, Jerome (2002): Wie das Kind sprechen lernt. 2., erg. Aufl. Bern u. a.: Huber.
3. GRIESSHABER, Wilhelm (2010): Spracherwerbsprozesse in Erst- und Zweitsprache: Eine Einführung. Duisburg: Universitätsverlag Rhein-Ruhr.
4. KAUSCHKE, Christina (2012): Kindlicher Spracherwerb im Deutschen. Verläufe, Forschungsmethoden, Erklärungsansätze. (= Germanistische Arbeitshefte 45). Berlin: De Gruyter.
https://doi.org/10.1515/9783110283891 (Stand: 20.6.2024)
5. KLANN-DELIUS, Gisela (1999): Spracherwerb. Stuttgart: Metzler.
6. KOLONKO, Beate (2011): Spracherwerb im Kindergarten. Grundlagen für die sprachpädagogische Arbeit von Erzieherinnen. 3., vollst. überarb. u. erg. Aufl. (= Reihe Psychologie 39). Herbolzheim: Centaurus.
https://doi.org/10.1007/978-3-86226-964-8 (Stand: 20.6.2024)
7. OSBURG, Claudia/SENGELHOFF, Barbara (2010): Spracherwerb: Sprache als Schlüssel zur Welt. In: Deutsch Differenziert 5, 2, S. 4–6.
8. PORTMANN-TSELIKAS, Paul (2011): Spracherwerb, grammatische Begriffe und sprachliche Phänomene. Überlegungen zu einem unübersichtlichen Lernfeld. In: Köpcke, Klaus-Michael/Ziegler, Arne (Hg.): Grammatik – lehren, lernen, verstehen. Zugänge zur Grammatik des Gegenwartsdeutschen. (= Germanistische Linguistik 293). Berlin/Boston: De Gruyter, S. 71–90.
9. RITTERFELD, Ute (2000): Welchen und wieviel Input braucht das Kind? In: Grimm, Hannelore (Hg.): Sprachentwicklung. Göttingen u. a.: Hogrefe, S. 403–432.
10. RUBERG, Tobias/ROTHWEILER, Monika (2012): Spracherwerb und Sprachförderung in der KiTa. Stuttgart: Kohlhammer.
11. SCHULZ, Petra (2008): Erstspracherwerb Deutsch: Sprachliche Fähigkeiten von Eins bis Zehn. In: Graf, Ulrike/Moser Opitz, Elisabeth (Hg.): Diagnostik und Förderung im Elementarbereich und Grundschulunterricht. Lernprozesse wahrnehmen, deuten und begleiten. 2., überarb. Aufl. Baltmannsweiler: Schneider Verlag Hohengehren, S. 67–86.

12. Szagun, Gisela (2019): Sprachentwicklung beim Kind. 7., überarb. Aufl. Weinheim/Basel: Beltz.
13. Tomasello, Michael (2006): Die kulturelle Entwicklung des menschlichen Denkens. Zur Evolution der Kognition. Frankfurt a. M.: Suhrkamp.
14. Tracy, Rosemarie (1991): Sprachliche Strukturentwicklung. Linguistische und kognitionspsychologische Aspekte des Erstspracherwerbs. Tübingen: Narr.

1.1 Bedeutungserwerb

15. Apeltauer, Ernst (2022): Wortschatzentwicklung und Wortschatzarbeit. In: Ahrenholz, Bernt/Oomen-Welke, Ingelore/Ulrich, Winfried (Hg.): Deutsch als Zweitsprache. 6., unveränd. Aufl. (= Deutschunterricht in Theorie und Praxis 9). Baltmannsweiler: Schneider Verlag Hohengehren, S. 306–326.
16. Bruner, Jerome (2002): Wie das Kind sprechen lernt. Unter Mitarbeit von Rita Watson. Mit einem Geleitw. zur deutschsprachigen Ausg. und einem Nachw. von Theo Herrmann. Aus dem Engl. übers. von Urs Aeschbacher. 2., erg. Aufl. Bern u. a.: Huber.
17. Clark, Eve V. (1985): Konventionalität und Kontrast beim Erwerb des Wortschatzes. In: Seiler, Thomas Bernhard/Wannenmacher, Wolfgang (Hg): Begriffs- und Wortbedeutungsentwicklung. Theoretische, empirische und methodische Untersuchungen. Berlin u. a.: Springer, S. 45–65.
18. Horst, Jessica S./Parsons, Kelly L./Bryan, Natasha M. (2011): Get the story straight: Contextual repetition promotes word learning from storybooks. In: Frontiers in Psychology 2, Artikel 17, S. 1–11. https://doi.org/10.3389/fpsyg.2011.00017 (Stand: 12.6.2024)
19. Kauschke, Christina (1999): Früher Wortschatzerwerb im Deutschen: Eine Empirische Studie zum Entwicklungsverlauf und zur Komposition des kindlichen Lexikons. In: Meibauer, Jörg/Rothweiler, Monika (Hg.): Das Lexikon im Spracherwerb. Tübingen/Basel: Francke, S. 128–157.
20. Meibauer, Jörg/Rothweiler, Monika (1999) (Hg.): Das Lexikon im Spracherwerb. Tübingen/Basel: Francke.
21. Kolonko, Beate (1998): Wie heißt des noch mal? In: L.O.G.O.S. interdisziplinär 6, 4, S. 252–263.
22. Merdian, Franz (1983): Die Sprechblase – Was verbinden jüngere Kinder damit? Untersuchung zum Bedeutungserwerb eines Comic-Zeichens. In: Kodikas/Code 6, 1–2, S. 85–102.

23. Paprotté, Wolf (1985): Linguistische Aspekte der Begriffsentwicklung. In: Seiler, Thomas Bernhard/Wannenmacher, Wolfgang (Hg.): Begriffs- und Wortbedeutungsentwicklung. Theoretische, empirische und methodische Untersuchungen. Berlin u. a.: Springer, S. 75–101.
https://doi.org/10.1007/978-3-642-70489-5 (Stand: 20.6.2024)

24. Sénéchal, Monique/Cornell, Edward H. (1993): Vocabulary acquisition through shared reading experiences. In: Reading Research Quarterly 28, 4, S. 361–374.
http://dx.doi.org/10.2307/747933 (Stand: 20.6.2024)

25. Szagun, Gisela (1983): Bedeutungsentwicklung beim Kind. Wie Kinder Wörter entdecken. München/Wien/Baltimore: Urban & Schwarzenberg.

26. Szagun, Gisela (1994): Psychologische Perspektiven zum Bedeutungserwerb. In: Internationale Frostig-Gesellschaft (Hg.): Integration der Wahrnehmung durch Sprache. Dortmund: Borgmann, S. 28–43.

1.2 Grammatikerwerb

27. Baumeister, Inga (2016): Genuserwerb und Prinzipien der Genuszuweisung im Deutschen. In: Sprache – Stimme – Gehör 40, 04, S. 193–195.
https://doi.org/10.1055/s-0042-116806 (Stand: 20.6.2024)

28. Becker, Tabea/Peschel, Corinna (Hg.) (2006): Gesteuerter und ungesteuerter Grammatikerwerb. Baltmannsweiler: Schneider Verlag Hohengehren.

29. Berkemeier, Anne/Escher, Katharina (2023): Was kann man mit Nomen machen? Grammatikunterricht und sprachliches Handeln verbinden. In: Grundschule Deutsch 79, 3, S. 20–24.

30. Bien-Miller, Lena/Wildemann, Anja (2023): Über Wörter und Sätze sprechen. Impulskarten für den Aufbau grammatischen Wissens und fachlicher Begriffe. In: Grundschule Deutsch 79, 3, S. 38–39.

31. Clahsen, Harald (1988): Normale und gestörte Kindersprache: linguistische Untersuchungen zum Erwerb von Syntax und Morphologie. Düsseldorf: Benjamins.

32. Dannenbauer, Michael (2002): Grammatik. In: Baumgartner, Stephan/Füssenich, Iris (Hg.): Sprachtherapie mit Kindern. Grundlagen und Verfahren. 5. Aufl. München/Basel: Reinhardt, S. 105–161.

33. Ertl, Martin (2022): Kasusauffälligkeiten in Lernertexten. (= Thema Sprache – Wissenschaft für den Unterricht 36). Baltmannsweiler: Schneider Verlag Hohengehren.

34. Höhle, Barbara (2005): Der Einstieg in die Grammatik: Spracherwerb während des ersten Lebensjahres. In: Forum Logopädie 19, 6, S. 16–21. https://www.forum-logopaedie.de/fileadmin/Inhalte/evi-logo/Dokumente/Datenbank/2005/05_06_16-21_Hoehle_Der_Einstieg_in_die_Grammatik._Spracherwerb_waehrend_des_ersten_Lebensjahres.pdf (Stand: 13.6.2024)

35. Jeuk, Stefan (2008): Der Katze sieht den Vogel. Aspekte des Genuserwerbs im Grundschulalter. In: Ahrenholz, Bernt (Hg.): Zweitspracherwerb. Diagnosen, Verläufe, Voraussetzungen. Freiburg i. Br.: Fillibach, S. 135–150.

36. Kellermann, Katharina/Riesterer, Lena (2023): Das Satzglieder-Universum. Vorstellungen der Lernenden aufgreifen und Wissen aufbauen. In: Grundschule Deutsch 79, 3, S. 29–32.

37. Kleinbub, Iris (2023): Das Verb braucht Mitspieler! Satzmuster erkunden. In: Grundschule Deutsch 79, 3, S. 14–17.

38. Klenk, Ronja/Berg, Margit (2013): Förderung von Kausalsätzen anhand des Bilderbuchs mutig, mutig – eine kontextoptimierte Unterrichtseinheit. In: Praxis Sprache 1, S. 33–35.

39. Kühn, Peter (2010): Sprache untersuchen und erforschen. Grammatik und Wortschatzarbeit neu gedacht. Standards und Perspektiven. Für die Jahrgänge 3 und 4. Berlin: Cornelsen Scriptor.

40. Letourneur, Catherine (2023): In 100 Jahren wird Schokolade an Bäumen hängen. Individuelle grammatische Vorstellungen für inklusive Lernprozesse nutzen. In: Grundschule Deutsch 79, 3, S. 43–45.

41. Lieven, Elena/Behrens, Heike/Speares, Jennifer/Tomasello, Michael (2003): Early syntactic creativity: a usage-based approach. In: Journal of Child Language 30, 2, S. 333–370. https://doi.org/10.1017/S0305000903005592 (Stand: 24.6.2024)

42. Sénéchal, Monique/Pagan, Stephanie/Lever, Rosemary/Ouellette, Gene P. (2008): Relations among the frequency of shared reading and 4-year-old children's vocabulary, morphological and syntax comprehension, and narrative skills. In: Early Education and Development 19, 1, S. 27–44. http://dx.doi.org/10.1080/10409280701838710 (Stand: 24.6.2024)

43. Spinner, Kaspar H. (2023): „gehte" oder „ging"? Ein sprachspielerisches Gedicht zur Grammatik. In: Grundschule Deutsch 79, 3, S. 18–19.

44. Stark, Linda (2016): Vorlesen und Präteritum. Baltmannsweiler: Schneider Verlag Hohengehren.

45. Tomasello, Michael (2006): Construction grammar for kids. In: Constructions, Special Vol. 1, S. 1–23. https://doi.org/10.24338/cons-452 (Stand: 26.6.2024)

46. TOMASELLO, Michael (2008): Konstruktionsgrammatik und früher Erstspracherwerb. In: Fischer, Kerstin/Stefanowitsch, Anatol (Hg.): Konstruktionsgrammatik I. Von der Anwendung zur Theorie. 2., unv. Aufl. (=Staufenburg Linguistik). Tübingen: Stauffenburg, S. 19–37.

47. TOPALOVIĆ, Elvira/BLACHUT, Alisa (2023): Verben in Szenen. Grammatikgespräche im Sprachvergleich. In: Grundschule Deutsch 79, 3, S. 25–28.

48. TOPHINKE, Doris (2023): Vor, hinter, über, auf. Mit Präpositionen die Lage von Dingen beschreiben. In: Grundschule Deutsch 79, 3, S. 10–13.

49. TRACY, Rosemarie (1986): The acquisition of case morphology in German. In: Linguistics 24, 1, S. 47–78.
https://doi.org/10.1515/ling.1986.24.1.4 7 (Stand: 24.6.2024)

50. UHL, Benjamin (2021): Grammatikunterricht für die Lese-, Schreib- und Gesprächsfähigkeit in mehrsprachigen Kontexten. In: Abraham, Ulf/Knopf, Julia (Hg.): Deutsch – Didaktik für die Grundschule. 7., aktual. Neuaufl. Berlin: Cornelsen, S. 180–191. [Tags: Mehrsprachigkeit]

51. ULRICH, Tanja (2008): Grammatikerwerb und grammatische Störungen im Kindesalter. Universität zu Köln: Habilitationsschrift.
https://kups.ub.uni-koeln.de/9011/1/Habilitation_Ulrich_OnlinePub.pdf (Stand: 24.6.2024)

52. ULRICH, Tanja/PENKE, Martina/BERG, Margit/LÜDTKE, Ulrike M./MOTSCH, Hans-Joachim (2016): Der Dativerwerb – Forschungsergebnisse und ihre therapeutischen Konsequenzen. In: Logos 24, 3, S. 176–190.
https://www.ifs.uni-hannover.de/fileadmin/ifs/Abteilungen/Sprach-Paedagogik_und_-Therapie/Publikationen_Luedtke/2016_6_Luedtke_et_al_2016_Der_Dativerwerb_In_LOGOS_3__24.pdf (Stand: 24.6.2024)

53. VON LEHMDEN, Friederike/PORPS, Lisa/MÜLLER-BRAUERS, Claudia (2017): Grammatischer Sprachinput in Kinderliteratur – eine Analyse von Genus-Kasus-Hinweisen in input- und nicht inputoptimierten Bilderbüchern. In: Forschung Sprache 5, 2, S. 44–61.
https://forschung-sprache.eu/fileadmin/user_upload/Dateien/Heftausgaben/2017-2/FS_2_2017_vanLehmden_Porps_Mueller-Brauers_44.pdf (Stand: 24.6.2024)

54. VON Lehmden, Friederike/MÜLLER-BRAUERS, Claudia/BELKE, Eva (2022): Grammatikförderung mit den Litkey-Bilderbüchern. Das Handbuch für Kita und Grundschule. Baltmannsweiler: Schneider Verlag Hohengehren.

55. WEGENER, Heide (1995): Die Nominalflexion im Deutschen – verstanden als Lerngegenstand. Tübingen: Niemeyer.

1.3 Pragmatikerwerb

56. ARENDT, Birte (2019): Argumentieren mit Peers. Erwerbsverläufe und -muster bei Kindergartenkindern. Tübingen: Stauffenburg.
57. ANDRESEN, Helga (2002): Interaktion, Sprache und Spiel. Zur Funktion des Rollenspiels für die Sprachentwicklung im Vorschulalter. Tübingen: Narr.
58. ANDRESEN, Helga (2002): Spiel, Interaktion und Dekontextualisierung von Sprache vor Schulbeginn. In: Der Deutschunterricht 54, 3, S. 39–46.
59. ANDRESEN, Helga/LANG, Barbara (2006): Entstehung von Sprachbewusstheit im Kontext von interaktiven Spielen zwischen Vorschulkindern. In: Bahr, Reiner/Iven, Claudia (Hg.): Sprache – Emotion – Bewusstheit. Beiträge zur Sprachtherapie in Schule, Praxis, Klinik. Idstein: Schulz-Kirchner, S. 117–129.
60. BECKER, Tabea (2011): Kinder lernen erzählen. Zur Entwicklung der narrativen Fähigkeiten von Kindern unter Berücksichtigung der Erzählform. 3., korr. Neuaufl. Baltmannsweiler: Schneider Verlag Hohengehren.
61. BECKER, Tabea/STUDE, Juliane (2018): Lernen durch Interaktion. Imitation und Rekonstruktion in Erzählerwerb und Erzähldidaktik. In: Schmölzer-Eibinger, Sabine/Akbulut, Muhammed/Rotter, Daniela (Hg.): Erzählen in der Zweitsprache Deutsch. Stuttgart: Fillibach bei Klett, S. 13–34.
62. BOSE, Ines/HANNKEN-ILLJES, Kati (2019): Die Entwicklung von argumentativen Fähigkeiten bei Vorschulkindern. Zwischen Agonalität und Kooperativität. In: Bose, Ines/Hannken-Illjes, Kati/Kurtenbach, Stephanie (Hg.): Kinder im Gespräch – mit Kindern im Gespräch. (= Schriften zur Sprechwissenschaft und Phonetik 16). Berlin: Frank & Timme, S. 11–32.
https://doi.org/20.500.12657/42800 (Stand: 25.6.2024)
63. BOSE, Ines/HANNKEN-ILLJES, Kati (2019): Frozen. Children in argumentation between the agonistic and cooperation. In: Informal Logic 39, 4, S. 465–495.
https://doi.org/10.22329/il.v39i4.6028 (Stand: 25.6.2024)
64. BÖRJESSON, Kristin/MEIBAUER, Jörg (Hg.) (2021): Pragmatikerwerb und Kinderliteratur. Tübingen: Narr. [Tags: Lesen]
65. EICHLER, Wolfgang (2007): Sprachbewusstheit. In: Beck, Bärbel/Klieme, Eckhard (Hg.): Sprachliche Kompetenzen. Konzepte und Messung. DESI-Studie (Deutsch Englisch Schülerleistungen International). Weinheim/Basel: Beltz, S. 63–82.
https://doi.org/10.25656/01:3140 (Stand: 25.6.2024)

66. EICHLER, Wolfgang (2007): Sprachbewusstheit bei DESI. In: Willenberg, Heiner (Hg.): Kompetenzhandbuch für den Deutschunterricht. Baltmannsweiler: Schneider Verlag Hohengehren, S. 124–133.

67. EICHLER, Wolfgang (2007): Prozedurale Sprachbewusstheit, ein neuer Begriff für die Lehr-Lernforschung und didaktische Strukturierung in der Muttersprachendidaktik. In: Hug, Michael/Siebert-Ott, Gesa (Hg.): Sprachbewusstheit und Mehrsprachigkeit. (= Disskusionsforum Deutsch). Baltmannsweiler: Schneider Verlag Hohengehren, S. 32–48.

68. EICHLER, Wolfgang (2008): Sprachbewusstheit Deutsch. In: DESI-Konsortium (Hg.): Unterricht und Kompetenzerwerb in Deutsch und Englisch. Ergebnisse der DESI-Studie. Weinheim/Basel: Beltz, S. 112–119. https://doi.org/10.25656/01:3149 (Stand:25.6.2024)

69. EICHLER, Wolfgang/ISAAC, Kevin/METZELD, Dennis (2009): Bewusster Umgang mit Sprache – Sprache und Sprachgebrauch untersuchen: In: Grundschulunterricht Deutsch 56, 2, S. 28–31.

70. FILIPPOVA, Eva (2014): Irony production and comprehension. In: Matthews, Danielle (Hg.): Pragmatic development in first language acquisition. Amsterdam: Benjamins, S. 261–278. https://doi.org/10.1075/tilar.10 (Stand:25.6.2024)

71. FRIED, Lilian/STUDE, Juliane (2011): Erzählkompetenzen im Übergang von der Kita zur Grundschule. Bedeutung des häuslichen Kontextes. In: Empirische Pädagogik 25, 4, S. 386–405.

72. FRIED, Lilian/ISELE, Patrick/STUDE, Juliane (2013): Individuelle Entwicklungsverläufe beim Übergang von der Kita in die Grundschule am Beispiel der Erzählkompetenz. In: Wannack, Evelyne/Bosshart, Susanne/Eichenberger, Astrid/Fuchs, Michael/Hardegger, Elisabeth/Marti, Simone (Hg.): 4- bis 12-Jährige. Ihre schulischen und außerschulischen Lern- und Lebenswelten. Münster u. a.: Waxmann, S. 55–62.

73. HOICKA, Elena (2014): The pragmatic development of humor. In: Matthews, Danielle (Hg.): Pragmatic development in first language acquisition. Amsterdam: Benjamins, S. 219–238. https://doi.org/10.1075/tilar.10 (Stand: 25.6.2024)

74. HODSKE, Birgit/PAHL, Ulrike/STROHNER, Hans (2007): Weil's genau das Gegenteil ist. Über das Ironieverstehen von Kindern. In: Meng, Katharina/Rehbein, Jochen (Hg.): Kindliche Kommunikation – einsprachig und mehrsprachig. Münster: Waxmann, S. 255–272.

75. JÄKEL, Olaf (2015): Metaphern im frühen Erstspracherwerb: (k)ein Problem? Erkenntnisse aus zwei Longitudinal-Korpora. In: Spieß, Constanze/Köpcke, Klaus-Michael (Hg.): Metapher und Metonymie. Theoretische, methodische

und empirische Zugänge. (= Empirische Linguistik 1). Berlin/Boston: De Gruyter, S. 161–176.
https://doi.org/10.1515/9783110369120.161 (Stand: 25.6.2024)

76. Katz-Bernstein, Nitza/Lengning, Anke/Polke, Laura/Quasthoff, Uta M./Schröder, Anja/Stude, Juliane (2016): Erfassung und Förderung der interaktiven Erzählfähigkeiten von Kindern mit sprachlichem Förderbedarf. In: Stitzinger, Ulrich/Sallat, Stephan/Lüdtke, Ulrike (Hg.): Sprache und Inklusion als Chance?! Expertise und Innovation für Kita, Schule und Praxis. (= Sprachheilpädagogik aktuell 2) Idstein: Schulz-Kirchner, S. 131–143.

77. Knapp, Werner (2010): Pragmatik: Sprachlich handeln. In: Knapp, Werner/Löffler, Cordula/Osburg, Claudia/Singer, Kristina (2010): Sprechen, schreiben und verstehen. Sprachförderung in der Primarstufe. Seelze: Klett/Kallmeyer, S. 36–47.

78. Kümmerling-Meibauer, Bettina/Meibauer, Jörg (2015): Vorlese-Input und Redewiedergabe. In: Gressnich, Eva/Müller, Claudia/Stark, Linda (Hg.): Lernen durch Vorlesen. Sprach- und Literaturerwerb in Familie, Kindergarten und Schule. Tübingen: Narr, S. 15–33.

79. Kurtenbach, Stephanie/Bose, Ines/Hannken-Illjes, Kati (2019): Argumentative Fähigkeiten im Vorschulalter. Eine korpusbasierte Analyse. In: Forschung Sprache. E-Journal für Sprachheilpädagogik, Sprachtherapie und Sprachförderung 7, 2, S. 26–36.
https://www.forschung-sprache.eu/index.php?id=63 (Stand 13.6.2024)

80. Merz-Grötsch, Jasmin (2010): Texte schreiben lernen. Grundlagen, Methoden, Unterrichtsvorschläge. Seelze: Klett/Kallmeyer.

81. Meibauer, Jörg (2011): Spracherwerb und Kinderliteratur. In: Zeitschrift für Literaturwissenschaft und Linguistik 162, S. 11–28.
https://www.researchgate.net/publication/365374830_Spracherwerb_und_Kinderliteratur (Stand: 13.6.2024)

82. Müller, Claudia (2012): Kindliche Erzählfähigkeiten und (schrift-)sprachsozialisatorische Einflüsse in der Familie. Eine longitudinale Einzelfallstudie mit ein- und mehrsprachigen (Vor-)Schulkindern. (= Thema Sprache – Wissenschaft für den Unterricht 4). Baltmannsweiler: Schneider Verlag Hohengehren.

83. Oomen-Welke, Ingelore und Arbeitsgruppe (2006): Der Sprachenfächer. Höflichkeit: Benimm bei Tisch. Begrüßung und Anrede. Freiburg i. Br.: Freiburger, Fillibach.

84. Redder, Angelika/Guckelsberger, Susanne/Grasser, Barbara (2013): Mündliche Wissensprozessierung und Konnektierung. Sprachliche

Handlungsfähigkeiten in der Primarstufe. (= Sprachvermittlungen 13) Münster/New York/München/Berlin: Waxmann.

85. PAYRHUBER, Franz-Josef (2009): Schreiben lernen. Texte verfassen in der Grundschule. 5., vollst. überarb. u. erw. Aufl. (= Deutschdidaktik aktuell 3). Baltmannsweiler: Schneider Verlag Hohengehren.

86. PETER, Ursula (2008): Entwicklung sozial-kommunikativer Kompetenzen. In: Zollinger, Barbara (Hg.): Kinder im Vorschulalter. Erkenntnisse, Beobachtungen und Ideen zur Welt der Drei- bis Siebenjährigen. 3., korr. Aufl. Bern u. a.: Haupt, S. 47–80.

87. PHILLIPS Galloway, Emily/STUDE, Juliane/UCCELLI, Paola (2015): Adolescents' metalinguistic reflections on the academic register in speech and writing. In: Linguistics and Education 31, S. 221–237.

88. QUASTHOFF, Uta M./HELLER, Vivien/MOREK, Miriam (Hg.) (2021): Diskurserwerb in Familie, Peergroup und Unterricht. Passungen und Teilhabechancen. (= Germanistische Linguistik 324). Berlin/Boston: De Gruyter. https://doi.org/10.1515/9783110707168 (Stand: 26.6.2024)

89. RUNDBLAD, Gabriella/ANNAZ, Dagmara (2010): Development of metaphor and metonymy comprehension: Receptive vocabulary and conceptual knowledge. In: Developmental Psychology 28, 3, S. 547–563. https://doi.org/10.1348/026151009X454373 (Stand: 26.6.2024)

90. SHANNON, Donna M. (1999): What children find humorous in books they read and how they express their responses. In: Humor 12, 2, S. 119–149. https://doi.org/10.1515/humr.1999.12.2.119 (Stand: 26.6.2024)

91. SKORDOS, Dimitrios/PAPAFRAGOU, Anna (2016): Children's derivation of scalar implicatures: Alternatives and relevance. In: Cognition 153, S. 6–18. https://doi.org/10.1016/j.cognition.2016.04.006 (Stand: 26.6.2024)

92. STUDE, Juliane (2007): The acquisition of metapragmatic abilities in preschool children. In: Bublitz, Wolfram/Hübler, Axel (Hg.): Metapragmatics in use. (= Pragmatics & Beyond New Series 165). Amsterdam/Philadelphia: Benjamins, S. 199–220. https://doi.org/10.1075/pbns.165 (Stand: 26.6.2024)

93. STUDE, Juliane (2013): Kinder sprechen über Sprache. Eine Untersuchung zu interaktiven Ressourcen des frühen Erwerbs metasprachlicher Kompetenzen. Stuttgart: Fillibach bei Klett.

94. STUDE, Juliane (2013): Plötzlich passiert etwas Unerwartetes. Ressourcenorientierte Erzählförderung. In: Fördermagazin Grundschule 2013, 2, S. 20–24.

95. STUDE, Juliane (2013): Narrative Bewusstheit als Ressource des Erzählerwerbs. Welche Einsichten uns kindliche Kommentare zum eigenen

Erzählen liefern. In: Becker, Tabea/WIELER, Petra (Hg.): Erzählforschung und Erzähldidaktik heute. Entwicklungslinien, Konzepte, Perspektiven. Tübingen: Stauffenburg, S. 53–71.

96. STUDE, Juliane (2014): The acquisition of discourse competence. Evidence from preschoolers' peer talk. In: Learning, Culture and Social Interaction 3, S. 111–120.

97. STUDE, Juliane (2015): Kindlicher Erzählerwerb. Was wir schon wissen und was noch fehlt. In: Mitteilungen des Deutschen Germanistenverbandes 62, 3, S. 255–265.

98. STUDE, Juliane (2016): Erwerb literaler Formen am Beispiel des mündlichen Erzählens. Eine Pilotstudie. In: leseforum.ch 1, 2016. https://www.forumlecture.ch/myUploadData/files/2016_1_Stude.pdf (Stand: 13.6.2024)

99. STUDE, Juliane/FEKETE, Olga (2021): Kindliche Sensibilität für gattungsspezifische Gestaltungsmittel. Zur Modellfunktion literater Texte am Beispiel von Nacherzählungen Siebenjähriger. In: Börjesson, Kristin/Meibauer, Jörg (Hg.): Pragmatikerwerb und Kinderliteratur. (= Studien zur Pragmatik 4). Tübingen: Narr, S. 103–124.

100. QUASTHOFF, Uta M./STUDE, Juliane (2018): Narrative Interaktion. Entwicklungsaufgabe und Ressource des Erzählerwerbs. In: Zeitschrift für Literaturwissenschaft und Linguistik 48, S. 249–275.

101. WALSH, Sue (2016): Gender and irony: children's literature and its criticism. In: Asian Women 32, 2, S. 91–110. https://doi.org/10.14431/aw.2016.06.32.2.91 (Stand: 26.6.2024)

102. ZUFFEREY, Sandrine (2015): Acquiring Pragmatics. Social and cognitive perspectives. London/New York: Routledge.

1.4 Vorlesen als Brücke zur Literalität

103. ABRAHAM, Ulf/KNOPF, Julia (Hg.) (2019): BilderBücher. Bd. 1. Theorie. 2., vollst. überarb. u. erw. Aufl. (= Deutschdidaktik für die Primarstufe 1). Baltmannsweiler: Schneider Verlag Hohengehren.

104. ABRAHAM, Ulf/KNOPF, Julia (Hg.) (2019): BilderBücher. Bd. 2. Praxis. 2., vollst. überarb. u. erw. Aufl. (= Deutschdidaktik für die Primarstufe 2). Baltmannsweiler: Schneider Verlag Hohengehren.

105. ALT, Katrin (2017): Mit Kindern Bilderbuchwelten vielfältig entdecken: Basiswissen & Praxisideen. Weinheim/Basel: Beltz. [Tags: Vorlesen]

106. ARNOLD, David H./LONIGAN, Christopher J./Whitehurst, Grover J./EPSTEIN, Jeffery N. (1994): Accelerating language development through

picture book reading: Replication and extension to a videotape training format. In: Journal of Educational Psychology 86, 2, S. 235–243.
https://psycnet.apa.org/doi/10.1037/0022-0663.86.2.235 (Stand 26.6.2024)

107. BECKER, Tabea/MÜLLER, Claudia (2015): Vorlesen und Erzählen im Vergleich. In: Gressnich, Eva/Müller, Claudia/Stark, Linda (Hg.): Lernen durch Vorlesen: Sprach- und Literaturerwerb in Familie, Kindergarten und Schule. Tübingen: Narr, S. 77–93.

108. BLEWITT, Pamela (2015): Growing vocabulary in the context of shared book reading. In: Kümmerling-Meibauer, Bettina/Meibauer, Jörg/Nachtigäller, Kerstin/Rohlfing, Katharina (Hg.): Learning from picturebooks. Perspectives from child development and literacy studies. London: Routledge, S. 117–136.

109. DAMMANN-THEDENS, Katrin (2011): Jetzt sieht es doch wie ein Mann aus! Umgang mit der Darstellung einer textlosen Bildnarration im Eltern-Kind-Dialog. In: Zeitschrift für Literaturwissenschaft und Linguistik 41, 162, S. 27–46.
https://doi.org/10.1007/BF03379853 (Stand: 26.6.2024)

110. DEHN, Mechthild/MERKLINGER, Daniela (Hg.) (2015): Erzählen – vorlesen – zum Schmökern anregen. (= Beiträge zur Reform der Grundschule 139). Frankfurt a. M.: Grundschulverband. [Tags: Vorlesen, Erzählen]

111. EHMIG, Simone (2023): Fit für Schule und Leben. Förderung von Lernvoraussetzungen durch Vorlesen in der Familie. In: Grundschule Deutsch 78, 2, S. 7–10.

112. FENEBERG, Sabine (1994): Wie kommt das Kind zum Buch? Die Bedeutung des Geschichtenvorlesens im Vorschulalter für die Leseentwicklung von Kindern. Neuried: ars una.

113. FINKBEINER, Rita (2011): Phraseologieerwerb und Kinderliteratur. Verfahren der ‚Verständlichmachung' von Phraseologismen im Kinder- und Jugendbuch am Beispiel von Otfried Preußlers *Die kleine Hexe* und *Krabat*. In: Zeitschrift für Literaturwissenschaft und Linguistik 41, 162, S. 47–73.
https://doi.org/10.1007/BF03379854 (Stand: 266.2024)

114. GRESSNICH, Eva/MÜLLER, Claudia/STARK, Linda (Hg.) (2015): Lernen durch Vorlesen. Sprach- und Literaturerwerb in Familie, Kindergarten und Schule. Tübingen: Narr Francke Attempto.

115. GRESSNICH, Eva/STARK, Linda (2015): Erklärende Gesprächseinlagen beim Vorlesen von Bilderbüchern. In: Gressnich, Eva/Müller, Claudia/Stark, Linda (Hg.): Lernen durch Vorlesen. Sprach- und Literaturerwerb in Familie, Kindergarten und Schule. Tübingen: Narr, S. 57–76.

116. FLETCHER, Kathryn L./REESE, Elaine (2005): Picture book reading with young children: A conceptual framework. In: Developmental Review 25, 1, S. 64–103. https://psycnet.apa.org/doi/10.1016/j.dr.2004.08.009 (Stand: 26.6.2024)

117. HORST, Jessica S. (2015): Word learning via shared storybook reading. In: Kümmerling-Meibauer, Bettina/Meibauer, Jörg/Nachtigäller, Kerstin/Rohlfing, Katharina (Hg.): Learning from picturebooks. Perspectives from child development and literacy studies. London: Routledge, S. 181–193.

118. HURRELMANN, Bettina (2005): Vorlesen – warum eigentlich? Ein Blick auf die frühe literarische Sozialisation. In: Leseforum 13, 14, S. 1–12.

119. KRUSE, Iris (2007): Vorlesegespräche und das Verstehen erzählender Texte. In: Grundschulunterricht 54, 5, S. 4–8.

120. KRUSE, Iris (2008): Kinderliteratur und literarisches Lernen. Zum Aufforderungscharakter kinderliterarischer Texte. In: Grundschulunterricht Deutsch 55, 3, S. 4–6.

121. KÜMMERLING-MEIBAUER, Bettina/MEIBAUER, Jörg (2015): Vorlese-Input und Redewiedergabe. In: Gressnich, Eva/Müller, Claudia/Stark, Linda (Hg.): Lernen durch Vorlesen. Sprach- und Literaturerwerb in Familie, Kindergarten und Schule. Tübingen: Narr, S. 15–33.

122. KÜMMERLING-MEIBAUER, Bettina/MEIBAUER, Jörg/NACHTIGÄLLER, Kerstin/ROHLFING, Katharina (Hg.) (2015): Learning from picturebooks. Perspectives from child development and literacy studies. London: Routledge.

123. LEVER, Rosemary/SÉNÉCHAL, Monique (2011): Discussing stories: On how a dialogic reading intervention improves kindergartners' oral narrative construction. In: Journal of Experimental Child Psychology 108, 1, S. 1–24. https://doi.org/10.1016/j.jecp.2010.07.002

124. LÖSENER, Hans (2023): Vorleseleistungen bewerten – geht das überhaupt? Einige Kriterien für die Entwicklung von Vorlesekompetenzen. In: Grundschule Deutsch 78, 2, S. 11–13.

125. LÖSENER, Hans/VACH, Karin (2023): Mut zum Vorlesen. Erfahrungen ermöglichen, Freude wecken, Fähigkeiten ausbauen. In: Grundschule Deutsch 78, 2, S. 4–6.

126. MAYR, Toni/HOFBAUER, Christian/KOFLER, Anita/SIMIC, Mirjana (2012): LiSKit. Literacy und Sprache in Kindertageseinrichtungen. (Schwerpunkt: Kinder von 3 bis 6 Jahren). Freiburg i. Br.: Herder.

127. PLEYER, Monika (2019): Impoliteness in children's fiction: Linguistic and cross-cultural aspects. Heidelberg: HeiDok. https://doi.org/10.11588/heidok.00026101 (Stand: 26.6.2024)

128. Purcell, Joanne Marie (2016): Seeing the Light: A cognitive approach to the metaphorical in picture books. In: Children's Literature in Education 49, 2, S. 356–375.
https://link.springer.com/article/10.1007/s10583-016-9309-z (Stand: 26.6.2024)

129. Richter-Vapaatalo, Ulrike (2007): Da hatte das Pferd die Nüstern voll. Gebrauch und Funktion von Phraseologie im Kinderbuch. Untersuchungen zu Erich Kästner und anderen Autoren. Frankfurt a. M. u. a.: Lang.

130. Rist, Katharina (2022): Rezeptionsprozesse im Umgang mit den Leer- und Unbestimmtheitsstellen eines visuell erzählenden Bilderbuchs. Eine qualitativ-empirische Studie mit Leseanfänger*innen. Wiesbaden: Springer.

131. Rohlfing, Katharina J./Cuerremans, Josefa/Horst, Jessica S. (2017): Benefits of repeated book readings in children with SLI. In: Communication Disorders Quarterly 39, 2, S. 367–370.

132. Rothstein, Björn (2013): Ein Sprachhandlungsansatz für das Vorlesen am Beispiel von Hervé Tullets Turlututu. In: Frickel, Daniela A./Boelmann, Jan (Hg.): Literatur, Lesen, Lernen. Festschrift für Gerhard Rupp. Frankfurt a. M.: Lang, S. 317–336.

133. Schlösser, Elke (2018): Chancen frühkindlicher Literalität. Unsere Lieblingsgeschichten erzählt in zwei, drei, vier und mehr Sprachen. Pulheim: SchauHoer.

134. Spinner, Kaspar H. (2004): Gesprächseinlagen beim Vorlesen. In: Härle, Gerhard/Steinbrenner, Marcus (Hg.): Kein endgültiges Wort. Baltmannsweiler: Schneider Verlag Hohengehren, S. 291–307.

135. Strozyk, Kristina (2023): Pretend Reading: Vorschulkinder „lesen vor". Implizites Wissen und Textproduktion am Ende des Kindergartenalters. Tübingen: Narr.

136. Telkmann, Simone (2013). Die Geschichte vom Löwen, der nicht schreiben konnte – Das Bilderbuch als Möglichkeit der gezielten Sprachförderung im sprachheilpädagogischen Unterricht. In: Sprachförderung und Sprachtherapie in Schule und Praxis 2, 1, S. 19–26.

137. Thiede, Ralf (2019): Synesthetic entrainment in interactive reading sessions of children's books. In: Children's Literature Association Quarterly 44, 4, S. 381–400.

138. Vach, Karin (2012): Family Literacy. Eltern und Kinder fördern. In: Praxis Deutsch 231, S. 13–17.

139. Lehmden, Friederike von/Kauffeldt, Johanna/Belke, Eva/Rohlfing, Katharina (2013): Das Vorlesen von Kinderbüchern als implizites Mittel

zur Sprachförderung im Bereich Grammatik. In: Praxis Sprache 58, 1, S. 18–27.

140. WASIK, Barbara A./BOND, Mary Alice (2001): Beyond the pages of a book: Interactive book reading and language development in preschool classrooms. In: Journal of Educational Psychology 93, 2, S. 243–250. https://psycnet.apa.org/doi/10.1037/0022-0663.93.2.243 (Stand: 26.6.2024)

141. WHITEHURST, Grover J./FALCO, F. L./LONIGAN, Christopher J./FISCHEL, Janet E./DEBARYSHE, Barbara D./VALDEZ-MENCHACA, Marta C./Caulfield, M. (1988): Accelerating language development through picture book reading. In: Developmental Psychology 24, 4, S. 552–559.

142. WIELER, Petra (1995): Vorlesegespräche mit Kindern im Vorschulalter. Beobachtungen zur Bilderbuch-Rezeption mit Vierjährigen in der Familie. In: Rosebrock, Cornelia (Hg.): Lesen im Medienzeitalter. Biographische und historische Aspekte literarischer Sozialisation. Weinheim/München: Juventa, S. 45–64.

143. WIELER, Petra (1997): Vorlesen in der Familie. Fallstudien zur literarisch-kulturellen Sozialisation von Vierjährigen. Weinheim/München: Juventa.

144. WILDEMANN, Anja (2011): Von Mäusemonstern in der Nacht – eine Vorlesegeschichte. In: Grundschule Deutsch 31, S. 14–17.

2. Kompetenzbereiche: Was müssen Schulkinder lernen?
2.1 Sprechen und Zuhören

145. ABRAHAM, Ulf (2016): Sprechen als reflexive Praxis. Mündlicher Sprachgebrauch in einem kompetenzorientierten Deutschunterricht. 2., überarb. u. erw. Aufl. Stuttgart: Fillibach bei Klett.

146. BECKER, Tabea (2011): Kinder lernen erzählen. Zur Entwicklung narrativer Fähigkeiten von Kindern unter Berücksichtigung der Erzählform. 3., korr. Aufl. Baltmannsweiler: Schneider Verlag Hohengehren.

147. BEHRENS, Ulrike (2010): Aspekte eines Kompetenzmodells zum Zuhören und Möglichkeiten ihrer Testung. In: Bernius, Volker/Imhof, Margarete (Hg.): Zuhörkompetenz in Unterricht und Schule. Beiträge aus Wissenschaft und Praxis. (= Edition Zuhören 8). Göttingen: Vandenhoeck & Ruprecht, S. 31–50.

148. BEHRENS, Ulrike (2021): Mündliche Kommunikation als Lernfeld in der Grundschule. In: Abraham, Ulf/Knopf, Julia (Hg.): Deutsch – Didaktik für die Grundschule. 7., aktual. Neuaufl. Berlin: Cornelsen, S. 192–203.

149. BEHRENS, Ulrike/ERIKSSON, Brigit (2011): Sprechen und Zuhören. In: Bremerich-Vos, Albert/Granzer, Dietlinde/Behrens, Ulrike/Köller, Olaf (Hg.): Bildungsstandards für die Grundschule: Deutsch konkret. 3. Aufl. Berlin: Cornelsen, S. 43–74.

150. BENKENSTEIN, Ramona/RÖNICKE, Nadine (2015): Und das Kind schlug ihm mit dem Besen ein paar vor den Duffel – Das mündliche Erzählen im Kontext Schule. In: Huber, Martin/Kennedy, Beate (Hg.): Erzählen. Mitteilungen des Deutschen Germanistenverbandes 3, S. 266–277.

151. BOSE, Ines/GUTENBERG, Norbert (2011): Sprechwissenschaft und Sprecherziehung in der Lehrerbildung. In: Knapp, Karlfried/Antos, Gerd/Becker-Mrotzek, Michael/Deppermann, Arnulf/Göpferich, Susanne/Grabowski, Joachim/Klemm, Michael/Villiger, Claudia (Hg.): Angewandte Linguistik. Ein Lehrbuch. 3., vollst. überarb. u. erw. Aufl. Tübingen/Basel: Francke, S. 56–77.

152. DANNENBAUER, Friedrich Michael (1997): Mentales Lexikon und Wortfindungsstörungen bei Kindern. In: Die Sprachheilarbeit 42, 1, S. 4–21.

153. DREPPER, Laura (2022): Ebenen des Narrativen in Bildimpulsen und Erzähltexten. Eine empirische Studie über Wirkungspotentiale von Bildern auf schriftliche Erzählfähigkeiten in der Grundschule. Tübingen: Narr.

154. EISENBERG, Peter/LINKE, Angelika (1996): Wörter. In: Praxis Deutsch 139, S. 20–30.

155. GASTEIGER-KLICPERA, Barbara/KNAPP, Werner/KUCHARZ, Diemut (2010): Abschlussbericht der wissenschaftlichen Begleitung des Programms „Sag' mal was – Sprachförderung für Vorschulkinder". Unter Mitarbeit von Doreen Patzelt, Julia Ricart Brede, Barbara Maria Schmidt, Beate Vomhof. Weingarten: Pädagogische Hochschule Weingarten.
https://www.academia.edu/116774106

156. HILLEGEIST, Kerstin (2010): Gestaltendes Sprechen in der Schule. Beobachten und Bewerten im Deutschunterricht. Baltmannsweiler: Schneider Verlag Hohengehren.

157. HOPP, Margarete (2018): Ein Grundmodell der narratologischen Bilderbuchanalyse und seine Anwendung im Kontext des Philosophierens mit Kindern am Beispiel von Hat Opa einen Anzug an? (1997). In: kjl&m 18, 2, S. 45–53.

158. IMHOF, Margarete (2010): Zuhören lernen und lehren. Psychologische Grundlagen zur Beschreibung und Förderung von Zuhörkompetenzen in Schule und Unterricht. In: Bernius, Volker/Imhof, Margarete (Hg.): Zuhörkompetenz in Unterricht und Schule. Beiträge aus Wissenschaft und Praxis. (= Edition Zuhören 8). Göttingen: Vandenhoeck & Ruprecht, S. 15–30.

159. JUSKA-BACHER, Britta/BECKERT, Christine/STALDER, Ursula/SCHNEIDER, Hansjakob (2016): Die Bedeutung des Wortschatzes für basale Lesekompetenzen. In: Didaktik Deutsch 21, 40, S. 20–40.
https://doi.org/10.25656/01:16938 (Stand: 26.6.2024)

160. KRELLE, Michael (2010): Zuhördidaktik. Anmerkungen zur Förderung rezeptiver Fähigkeiten des mündlichen Sprachgebrauchs im Deutschunterricht. In: Bernius, Volker/Imhof, Margarete (Hg.): Zuhörkompetenz in Unterricht und Schule. Beiträge aus Wissenschaft und Praxis. (= Edition Zuhören 8). Göttingen: Vandenhoeck & Ruprecht, S. 51–68.

161. MERKEL, Johannes (2006): Erzählen und Textverständnis. Inwiefern mündliches Erzählen die Lesefähigkeit vorbereitet. In: Die Grundschulzeitschrift 20, 197, S. 10–12.

162. NAUGK, Nadine (2018): Erzählen von Anfang an. Die Potenziale der Mündlichkeit nutzbar machen. In: Grundschule Deutsch 57, S. 14–16.

163. NAUGK, Nadine (2019): Phantasiegeschichten erzählen – Zugänge zur Schriftlichkeit? In: kjl&m 19, 4, S. 64–69. [Tags: Schreiben]

164. NAUGK, Nadine (2020): Es war einmal... und dann... Im gemeinsamen Geschichtenerzählen zum Zuhören herausfordern. In: Grundschulunterricht Deutsch 67, 3, S. 22–25.

165. NAUGK, Nadine/GIEBLER, Anna/LAKOMY, Paulina (2020): (Fantasie-)Tiere benennen und sortieren. Wortschatzarbeit in drei Schritten mit dem SorTIERbuch. In: Grundschulunterricht Deutsch 67, 1, S. 18–21.

166. NAUGK, Nadine/RITTER, Michael/WIEDEMANN, Anja (Hg.) (2018): Erzählkultur. Mündliches Erzählen als gesellige Praxis. In: Grundschule Deutsch 57, S. 4–7.

167. OHLHUS, Sören (2021): Erzählen im Unterricht der Grundschule. In: Abraham, Ulf/Knopf, Julia (Hg.): Deutsch – Didaktik für die Grundschule. 7., aktual. Neuaufl. Berlin: Cornelsen, S. 216–226.

168. OHLHUS, Sören/STUDE, Juliane (2012): Erzählen im Unterricht der Grundschule. In: Becker-Mrotzek, Michael (Hg.): Mündliche Kommunikation und Gesprächsdidaktik. 2., korr. Aufl. (= Deutschunterricht in Theorie und Praxis 3). Baltmannsweiler: Schneider Verlag Hohengehren, S. 471–486.

169. OHLHUS, Sören/QUASTHOFF, Uta M./STUDE, Juliane (2006): Vom Erzählen zum Text. In: Die Grundschule 38, 12, S. 30–31.

170. OOMEN-WELKE, Ingelore/KÜHN, Peter (2009): Mit Sprache experimentieren. Arbeit im Kompetenzbereich Sprache und Sprachgebrauch untersuchen. In: Die Grundschule 12, 5, S. 22–25.

171. OOMEN-WELKE, Ingelore/KÜHN, Peter (2009): Sprache unter der Lupe. Arbeit im Kompetenzbereich Sprache und Sprachgebrauch untersuchen. In: Die Grundschule 12, 5, S. 18–21.

172. PABST-WEINSCHENK, Marita (2010): So sprechen, dass man gut zuhören kann. In: Bernius, Volker/Imhof, Margarete (Hg.): Zuhörkompetenz in Unterricht und Schule. Beiträge aus Wissenschaft und Praxis. (= Edition Zuhören 8). Göttingen: Vandenhoeck & Ruprecht, S. 163–182.

173. PÖHLMANN-LANG, Annette (2021): Fächerorientierter Grundwortschatz. In: Abraham, Ulf/Knopf, Julia (Hg.): Deutsch – Didaktik für die Grundschule. 7., aktual. Neuaufl. Berlin: Cornelsen, S. 131–145.

174. QUASTHOFF, Uta M./FRIED, Lilian/KATZ-BERNSTEIN, Nitza/LENGNING, Anke/SCHRÖDER, Anja/STUDE, Juliane (2011): (Vor)Schulkinder erzählen im Gespräch. Kompetenzunterschiede systematisch erkennen und fördern (inklusive DVD). Das Dortmunder Beobachtungsinstrument zur Interaktions- und Narrationsentwicklung (DO-BINE) und der Dortmunder Förderansatz (DO-FINE). Baltmannsweiler: Schneider Verlag Hohengehren.

175. QUASTHOFF, Uta M./KERN, Friederike/OHLHUS, Sören/STUDE, Juliane (2019): Diskurse und Texte von Kindern. Praktiken – Fähigkeiten – Ressourcen: Erwerb. Tübingen: Stauffenburg.
https://eldorado.tu-dortmund.de/bitstream/2003/38429/1/Quasthoff_Kern_Ohlhus_Stude%202019.pdf (Stand: 26.6.2024)

176. RITTER, Michael/RÖNICKE, Nadine (2014): Sommererlebnisse – einmal anders. Bildungssprachliche Lernprozesse in der Schuleingangsphase. In: Grundschule aktuell 128, S. 26–29.

177. RÖNICKE, Nadine (2014): Und dann konnte er wieder seine Gedanken kontrollieren und er wurde wieder ein König. – Geschichten erzählen zwischen Mündlichkeit und Schriftlichkeit. In: Verband deutscher Sonderpädagik e. V. Mitteilungsheft des Landesverbandes Brandenburg 1, 2014, S. 37–39.
https://www.vds-in-brandenburg.de/images/pdf/Mitteilungsheft-2014-1.pdf (Stand 13.6.2024)

178. RÖNICKE, Nadine (2014): Bildungssprachliche Lernprozesse in schrifthaltigen Erzählsituationen. In: Hennies, Johannes/Ritter, Michael (Hg.): Deutschunterricht in der Inklusion. Auf dem Weg zu einer inklusiven Deutschdidaktik. Stuttgart: Fillibach bei Klett, S. 61–73.

179. SCHÜLER, Lis (2019): Narrative Muster im Kontext von Wort und Bild. Eine empirische Studie zum schriftlichen Erzählen in der Grundschule. Berlin: Metzler.
https://doi.org/10.1007/978-3-476-04917-9 (Stand:26.6.2024)

180. STEINER, Anne (2021): Szenisches Interpretieren in der Grundschule. In: Abraham, Ulf/Knopf, Julia (Hg.): Deutsch – Didaktik für die Grundschule. 7., aktual. Neuaufl. Berlin: Cornelsen, S. 227–240.

181. STUDE, Juliane (2020): Dem Weihnachtszauber auf der Spur. Wie Kinder schriftliche Weihnachtsgeschichten erzählen. In: Marx, Konstanze (Hg.): Weihnachtslinguistik. Festliche Texte über Sprache. Tübingen: Narr, S. 151–157. [Tags: Schreiben]

182. STUDE, Juliane/WILDEMANN, Anja (2018): Erzählen kann doch jeder!? Erzählerfahrungen, Geschichtenwissen und narrative Kompetenzen. In: Grundschule Deutsch 57, S. 8–10.

183. THÜMMEL, Ingeborg/JUNGMANN, Tanja (2022): Wem man nicht zuhört, der existiert nicht. Mündliche Erzählkompetenzen in heterogenen Klassen konzeptbasiert fördern. In: Die Grundschule 54, 1, S. 29–37.

184. UHLIG, Bettina/LIEBER, Gabriele/PIEPER, Irene (Hg.) (2019): Erzählen zwischen Bild und Text. (= IMAGO/Kunst.Pädagogik.Didaktik). München: kopaed.

185. WILLMEROTH, Sabine (2015): Verstehendes Zuhören mit Grundschulkindern trainieren: Hörtexte und Arbeitsblätter zum Textverständnis. Mülheim a. d. R.: Verlag an der Ruhr.

186. VALTIN, Renate (2010): Phonologische Bewusstheit – eine notwendige Voraussetzung beim Lesen- und Schreibenlernen? In: leseforum.ch 2, S. 1–10.
http://www.leseforum.ch/myUploadData%5Cfiles%5C2010_2_Valtin_PDF.pdf (Stand: 13.6.2024)

187. VALTIN, Renate (2011): Hilfreich oder unsinnig? Ein kritischer Blick auf phonologisches Training im Elementarbereich. In: Die Grundschule 43, 10, S. 27–29.

188. VALTIN, Renate (2012): Phonologische Bewusstheit: Ein kritischer Blick auf ein modisches Konstrukt. In: Frühe Bildung 1, 4, S. 223–225.
https://doi.org/10.25656/01:20902 (Stand: 26.6.2024)

189. VOGT, Rüdiger (2010): Gesprächsfähigkeit im Unterricht. In: Knapp, Karlfried/Antos, Gerd/Becker-Mrotzek, Michael/Deppermann, Arnulf/Göpferich, Susanne/Grabowski, Joachim/Klemm, Michael/Villiger, Claudia (Hg.): Angewandte Linguistik. Ein Lehrbuch. 3., vollst. überarb. u. erw. Aufl. Tübingen/Basel: Francke, S. 78–104.

190. WILDEMANN, Anja (2010): Das Können der Kinder in den Blick nehmen. Plädoyer für einen kompetenzorientierten Sprachlichen Anfangsunterricht. In: Die Grundschulzeitschrift 237, S. 38–41.
https://www.friedrich-verlag.de/shop/mwdownloads/download/link/id/91855/ (Stand 13.6.2024)

191. WILDEMANN, Anja (2009): Von Treppenfröschen, Zuckerechsen und anderen Sprachkuriositäten. In: Grundschule Deutsch 23, S. 6–7.

192. WILDEMANN, Anja (2011): Sprechen – mit anderen, vor anderen und für andere. In: Grundschule Deutsch 29, S. 4–6.

2.2 Lesen

193. BADEN-WÜRTTEMBERG STIFTUNG/STIFTUNG LESEN (Hg.) (2014): Lesen in Bewegung. Innovative Leseförderung mit Bewegungsansätzen. Dokumentation einer Tagung der Baden-Württemberg Stiftung und der Stiftung Lesen. Stuttgart: Baden-Württemberg Stiftung/Mainz: Stiftung Lesen.
http://www.boysandbooks.de/fileadmin/templates/images/PDF/Dokumentation_Lesen_in_Bewegung.pdf (Stand: 13.6.2024)

194. BISMARCK, Christina (2021): Leseförderung als Aufgabe wahrnehmen. In: Abraham, Ulf/Knopf, Julia (Hg.): Deutsch – Didaktik für die Grundschule. 7., aktual. Neuaufl. Berlin: Cornelsen, S. 13–22.

195. Bangel, Melanie/Rautenberg, Iris (2023): Lesen- und Schreibenlernen im Spannungsfeld zwischen Wissen und Können. (= Thema Sprache – Wissenschaft für den Unterricht 37). Baltmannsweiler: Schneider Verlag Hohengehren.

196. Bär, Christina/Jantzen, Christoph/Wittmer, Sascha (Hg.) (2021): Vom Bilderbuch aus – zum Bilderbuch hin. Perspektiven auf Gegenstände, Akteur*innen und Unterricht. Baltmannsweiler: Schneider Verlag Hohengehren.

197. Becker-Mrotzek, Michael/Günther, Hartmut/Jambor-Fahlen, Simone (2015): Lesen und Schreiben lehren und lernen: Grundlagen für die Schulentwicklung – ein integratives Konzept für den Anfangsunterricht. München: Oldenbourg. [Tags: Schreiben]

198. Bernhard, Sebastian/Dichtl, Eva-Maria (Hg.) (2023): Frühkindliches Spiel und literarische Rezeption. Perspektiven der Kindheitspädagogik und der Literaturdidaktik. (= Literatur – Medien – Didaktik 3). Berlin: Frank & Timme.

199. Bertschi-Kaufmann, Andrea (1998): Lesetagebücher – und was in ihnen sichtbar wird. Lese- und Schreibentwicklungen im offenen Unterricht. In: Bertschi-Kaufmann, Andrea (Hg.): Bücher öffnen Welten. Lesen und Schreiben im offenen Unterricht. Zürich: sabe, S. 89–102.

200. Bertschi-Kaufmann, Andrea (2003): Lesen und Schreiben in einer Medienumgebung. Die literalen Aktivitäten von Primarschulkindern. 2. Aufl. Aarau/Frankfurt a. M.: Sauerländer.

201. Bertschi-Kaufmann, Andrea (2007): Leseverhalten beobachten – Lesen und Schreiben in der Verbindung. In: Bertschi-Kaufmann, Andrea/Graber, Tanja (Hg.): Lesekompetenz – Leseleistung – Leseförderung. Grundlagen, Modelle und Materialien. (= Lehren lernen. Basiswissen Lehrerinnen- und Lehrerbildung 1). 8. Aufl. Seelze/Zug: Kallmeyer/Klett und Balmer, S96–108.

202. Bonanati, Sabrina/Greiner, Christian/Gruchel, Nicole/Buhl, Heike M. (2020): Lesekompetenz fördern: ein Manual für das LIFE-Programm zur Stärkung der Zusammenarbeit von Schule und Elternhaus. Wiesbaden: Springer Fachmedien.
https://doi.org/10.1007/978-3-658-28343-8 (Stand: 26.6.2024)

203. Bräuer, Christoph (2021): Lesegespräche führen. In: Abraham, Ulf/Knopf, Julia (Hg.): Deutsch – Didaktik für die Grundschule. 7., aktual. Neuaufl. Berlin: Cornelsen, S. 35–44.

204. Bravo Granström, Monica (2019): Teachers' beliefs and strategies when teaching reading in multilingual settings: Case studies in german, swedish and Chilean grade 4 classrooms. Berlin: Logos.
https://doi.org/10.30819/4842 (Stand: 26.6.2024) [Tags: Diversität, Mehrsprachigkeit]

205. Brehm, Rita M. (2014): Handicap: Lesen und Schreiben? Geben Sie niemals auf! Die Chancen phonetisch-phonologischer Strategien. Berlin/Heidelberg: Springer.
http://dx.doi.org/10.1007/978-3-642-55305-9 (Stand: 27.6.2024) [Tags: Schreiben, Förderung]

206. Brinkmann, Erika/Brügelmann, Hans (2023): Wie Kinder sprechen, lesen und schreiben lernen. Zur Didaktik und Methodik des Spacherfahrungsansatzes. Stuttgart: Klett. [Tags: Sprechen, Schreiben]

207. Bus, Adriana G./IJzendoorn, Marinus H. (1999): Phonological awareness and early reading: A meta-analysis of experimental training studies. In: Journal of Educational Psychology 91, 3, S. 403–414.
https://psycnet.apa.org/doi/10.1037/0022-0663.91.3.403 (Stand: 26.6.2024)

208. Camp, Margret de la (2019): Empathie und Leseverstehen: kognitionspsychologische, neurowissenschaftliche und literaturwissenschaftliche Grundlagen einer Didaktik des empathischen Lesens. Baltmannsweiler: Schneider Verlag Hohengehren.

209. Conrad, Nicole J. (2008): From reading to spelling and spelling to reading: Transfer goes both ways. In: Journal of Educational Psychology 100, 4, S. 869–878.
https://doi.org/10.1037/a0012544 (Stand: 26.6.2024)

210. Dietz, Florian/Sasse, Ada/Wind, Gerd Peter (Hg.) (2014): Lesen und Schreiben lernen im inklusiven Unterricht: Bedingungen und Möglichkeiten. Herzogenrath: Deutsche Gesellschaft für Lesen und Schreiben (DGLS). [Tags: Schreiben, Inklusion]

211. Dörnhoff, Astrid (2021): Lesen trainieren – Bücherwelten eröffnen. Differenzierender Leseunterricht in der Praxis. Klasse 1 bis 4. (= Stark in der Grundschule). Berlin: Cornelsen [Tags: Inklusion]

212. Drummer, Almut (2016): Lesekompetenz in der Grundschule: Hintergründe und Methoden eines imaginationsgeleiteten Arbeitens. (= Praxis Pädagogik). Braunschweig: Westermann.

213. Dümler, Reinhard (2017): Leichter lesen lernen: ein modularer Leselehrgang zur Prävention von Lese- und Rechtschreibproblemen. Neuss: Skript-Verlag [Tags: Förderung]

214. Dummer-Smoch, Lisa (1995): Vergleichsuntersuchungen zum Erfolg im Leselernprozess. In: Niemeyer, Wilhelm (Hg.): Kommunikation und Lese-Rechtschreibschwäche. Bochum: Winkler, S. 135–138.
215. Ehri, Linnea C. (2005): Development of sight word reading: phases and findings. In: Snowling, Margaret J./Hulme, Charles (Hg.): The science of reading. A handbook. Malden, MA: Blackwell, S. 135–154.
216. Einsiedler, Wolfgang/Frank, Angela/Kirschhock, Eva-Maria/Martschinke, Sabine/Treinies, Gerhard (2002): Der Einfluss verschiedener Unterrichtsmethoden auf die phonologische Bewusstheit sowie auf Lese- und Schreibleistungen im 1. Schuljahr. In: Psychologie in Erziehung und Unterricht. Zeitschrift für Forschung und Praxis 49, 3, S. 194–209.
217. Festman, Julia/Gerth, Sabrina/Reiter, Christine/Alber, Elfriede (2020): Lesen in der Primarstufe: Theorie und Praxis für Leseerwerb und Leseunterricht. Münster: Waxmann.
218. Finck, Wolfgang/Vollstedt, Iris (2015): Lesespiele mit Bewegung im inklusiven Unterricht: phonologische Bewusstheit – Wortebene – Satzebene – Textebene, (1.–4. Klasse). Hamburg: Persen. [Tags: Inklusion, Spiele]
219. Förster, Sabrina (2018): Selbstbezogene Kognitionen und Motivationen im Grundschulalter: Effekte eines wortschatzbasierten Lesestrategietrainings. (= Pädagogische Psychologie und Entwicklungspsychologie). Münster: Waxmann.
220. Franck, Katharina (2019): Die Kooperation zwischen Schule und Bibliothek als Baustein schulischer Leseförderung. Die Zusammenarbeit einer Grundschule und einer Stadtbücherei – Befunde und Modellbildung. Bad Honnef: Bock + Herchen. [Tags: Kooperation]
221. Fröhler, Horst/Fröhler, Claudia (2015): Leselust statt Lesefrust: Erkenntnisse der Hirnforschung weisen den Weg zu besseren Lernerfolgen; ein neuer, unkonventioneller Lernweg führt rasch zum sicheren Lesen; mit Sonderteil: Neustart beim Lesenlernen in jedem Alter. Stark erw. und bearb. Neuausg. von „Elementardidaktik auf Erfolgskurs". (= Deutschdidaktik 1). Wien: HF-Verlag Dr. Horst Fröhler.
222. Fuchs, Mechtild/Röber-Siekmeyer, Christa (2002): Elemente eines phonologisch bestimmten Konzepts für das Lesen- und Schreibenlernen: die musikalische Hervorhebung prosodischer Strukturen. In: Röber-Siekmeyer, Christa/Tophinke, Doris (Hg.): Schrifterwerbskonzepte zwischen

Sprachwissenschaft und Pädagogik. Baltmannsweiler: Schneider Verlag Hohengehren, S. 98–122.
https://www.christa-roeber.de/wp-content/uploads/2021/04/hp_roeber_elemente_konzept_phonologisch_bestimmt.pdf (Stand: 13.6.2024)

223. FUNKE, Reinold (2014): Erstunterricht nach der Methode Lesen durch Schreiben und Ergebnisse schriftsprachlichen Lernens. Eine metaanalytische Bestandsaufnahme. In: Didaktik Deutsch 19, 36, S. 21–41.
https://doi.org/10.25656/01:17205 (Stand: 26.6.2024)

224. GAILBERGER, Steffen (2013): Systematische Leseförderung für schwach lesende Schüler. Zur Wirkung von lektürebegleitenden Hörbüchern und Lesebewusstmachungsstrategien. Weinheim/Basel: Beltz Juventa. [Tags: Förderung]

225. GARBE, Christine (2020): Lesekompetenz fördern. (= Bildung und Unterricht): Ditzingen/Stuttgart: Reclam.

226. GATTERMAIER, Klaus (2021): Lesekompetenz(en) ausbilden. In: Abraham, Ulf/Knopf, Julia (Hg.): Deutsch – Didaktik für die Grundschule. 7., aktual. Neuaufl. Berlin: Cornelsen, S. 23–34.

227. GOLD, Andreas (2018): Lesen kann man lernen: wie man die Lesekompetenz fördern kann. 3., völlig überarb. Aufl. Göttingen: Vandenhoeck & Ruprecht.

228. GRIMM, Gabriele (2018): Erstlese- und Schreibunterricht mit allen Sinnen erfahren: eine empirisch-qualitative Studie zur Buchstabenerarbeitung an öffentlichen und alternativen Schulen in Kärnten. (= Didaktik in Forschung und Praxis 97). Hamburg: Verlag Dr. Kovač. [Tags: Schreiben]

229. HAAS, Gerhard (2011): Handlungs- und produktionsorientierter Literaturunterricht. Theorie und Praxis eines „anderen" Literaturunterrichts für die Primar- und Sekundarstufe. Seelze: Klett/Kallmeyer.

230. HACHMANN, Ute/HOFMANN, Helga (Hg.) (2007): Wenn die Bibliothek Bildungspartner wird... Leseförderung mit dem Spiralcurriculum in Schule und Vorschule. Frankfurt a. M.: Expertengruppen Bibliothek und Schule und Kinder- und Jugendbibliotheken im Deutschen Bibliotheksverband e. V.
https://www.bibliotheksverband.de/sites/default/files/2021-06/spiralcurriculum1.pdf (Stand: 13.6.2024)

231. HERFF, Ingeborg M. (1993): Die Gestaltung des Leselernprozesses als elementare Aufgabe der Grundschule. Neuere Entwicklungen und gegenwärtige Situation an den Grundschulen des Regierungsbezirks Köln – ein Beitrag zur pädagogischen Tatsachenforschung. Dissertation Universität zu Köln.

232. HEYNE, Nora (2014): Merkmale des Leseunterrichts im vierten Schuljahr im Fokus videobasierter Analysen. (= Empirische Erziehungswissenschaft 48). Münster: Waxmann.

233. HIPPMANN, Kathrin/JAMBOR-FAHLEN, Simone/BECKER-MROTZEK, Michael (2019): Der Einfluss familiärer Hintergrundvariablen auf die Leseleistung von Grundschulkindern im Anfangsunterricht. In: Zeitschrift für Erziehungswissenschaft 22, 1, S. 51–73.
https://www.degruyter.com/database/IBZ/entry/ibz.IBZ20190618-6337/html (Stand 13.6.2024)

234. HOOVER, Wesley A./GOUGH, Philip B. (1990): The simple view of reading. In: Reading and writing: An interdisciplinary journal 2, S. 127–160.
https://doi.org/10.1007/BF00401799 (Stand: 26.6.2024)

235. HOPPE, Irene/SCHWENKE, Jutta (2013): Auf den Anfang kommt es an. Basale Lesefähigkeiten sicher erwerben. Ludwigsfelde: Landesinstitut für Schule und Medien Berlin-Brandenburg (LISUM).

236. HOYA, Fabian (2019): Feedback aus der Sicht von Kindern und Lehrkräften: Die Relevanz der Erteilung und Wahrnehmung im Leseunterricht der Grundschule. Wiesbaden: Springer Fachmedien. [Tags: Förderung, Interaktion mit Kindern, Feedback]

237. HUSSMANN, Anke/WENDT, Heike/BOS, Wilfried/BREMERICH-VOS, Albert/KASPER, Daniel/LANKES, Eva-Maria/McELVANY, Nele/STUBBE, Tobias C./VALTIN, Renate (Hg.) (2017): IGLU 2016. Lesekompetenzen von Grundschulkindern in Deutschland im internationalen Vergleich. Münster/New York: Waxmann.

238. HURRELMANN, Bettina (2011): Modelle und Merkmale der Lesekompetenz. In: Bertschi-Kaufmann, Andrea/Graber, Tanja (Hg.): Lesekompetenz – Leseleistung – Leseförderung. Grundlagen, Modelle und Materialien. 8. Aufl. Seelze/Zug: Klett/Kallmeyer und Balmer, S. 22–33.

239. HÜTTIS-GRAFF, Petra (2008): Vom Hören zum Lesen – Literarisches Lernen mit Lese-Hörkisten. In: Wieler, Petra (Hg.): Medien als Erzählanlass. Wie lernen Kinder im Umgang mit alten und neuen Medien? Freiburg i. Br.: Fillibach, S. 105–123.

240. ISLER, Dieter/PHILIPP, Maik/TILEMANN, Friederike (2010): Lese- und Medienkompetenzen: Modelle, Sozialisation und Förderung. (= LfM-Dokumentation 40). Düsseldorf: Landesanstalt für Medien Nordrhein-Westfalen.
http://dx.doi.org/10.26041/fhnw-428 (Stand: 27.6.2024)

241. JÖRGENS, Moritz/SANDER, Julia/WERNER, Sybille (Hg.) (2022): Leseförderung in der Ganztagsschule. Weinheim/Basel: Beltz [Tags: Förderung]

242. KAMMLER, Clemens (2006) (Hg.): Literarische Kompetenzen – Standards im Literaturunterricht. Modelle für die Primar- und Sekundarstufe. (= Praxis Deutsch). Seelze: Klett/Kallmeyer.

243. KAUFMANN, Theo (2015): Handbuch LeseFörderung: Medien – Infos – Daten. Neureichenau: Edition Zweihorn. [Tags: Medien]

244. KÖSTER, Juliane (2008): Lesekompetenz im Licht von Bildungsstandards und Kompetenzmodellen. In: Bremerich-Vos, Albert/Granzer, Dietlinde/Köller, Olaf (Hg.): Lernstandsbestimmung im Fach Deutsch. Gute Aufgaben für den Unterricht. Weinheim/Basel: Beltz, S. 162–183.

245. KÖSTER, Juliane/ROSEBROCK, Cornelia (2011): Lesen – mit Texten und Medien umgehen. In: Bremerich-Vos, Albert/Granzer, Dietlinde/Behrens, Ulrike/Köller, Olaf (Hg.): Bildungsstandards für die Grundschule: Deutsch konkret. Aufgabenbeispiele, Unterrichtsanregungen, Fortbildungsideen. 3. Aufl. Berlin: Cornelsen, S. 104–126.
https://edoc.hu-berlin.de/bitstream/handle/18452/3773/1.pdf (Stand: 26.6.2024)

246. KRIŽAN, Ana (2014): Evidenzbasierte Leseförderung in der Grundschule: Vergleich der Wirksamkeit eines Phonics- und eines Leseflüssigkeitstrainings in der zweiten und vierten Grundschulklasse. Gießen: Universitätsbibliothek.
http://dx.doi.org/10.22029/jlupub-15050

247. KLEER, Gabriele (2014): Lesefriends: schulartübergreifende Lesemotivationsförderung an der Nahtstelle Übertritt unter Einbezug der peer group. Baltmannsweiler: Schneider Verlag Hohengehren.

248. KUHN, Klaus (2018): Die Silbe im Lese- und Schreibunterricht: Festschrift zum 70-jährigen Verlagsjubiläum mit wissenschaftlichen Beiträgen zum Lese- und Schreiberwerb. Offenburg: Mildenberger. [Tags: Schreiben]

249. KURWINKEL, Tobias (2020): Bilderbuchanalyse. Narrativik, Ästhetik, Didaktik. 2., aktual. u. erw. Aufl. Tübingen: Francke.

250. KÜSPERT, Petra/SCHNEIDER, Wolfgang (1998): Würzburger Leise Leseprobe (WLLP). Göttingen: Hogrefe.

251. KÜSPERT, Petra/SCHNEIDER, Wolfgang/BLANKE, Iris/FAUST, Verena (2011): Würzburger Leise Leseprobe – Revision (WLLPR). Göttingen: Hogrefe.

252. KUTZELMANN, Sabine/MASSLER, Ute (Hg.) (2018): Mehrsprachige Leseförderung: Grundlagen und Konzepte. Tübingen: Narr. [Tags: Mehrsprachigkeit, Förderung]

253. KUTZELMANN, Sabine/ROSEBROCK, Cornelia (Hg.) (2018): Praxis der Lautleseverfahren. Baltmannsweiler: Schneider Verlag Hohengehren.

254. Lauer-Schmaltz, Marie/Rosebrock, Cornelia/Gold, Andreas (2014): Lautlesetandems in der Grundschule. Bedingungen und Grenzen ihrer Wirksamkeit. In: Didaktik Deutsch 19, 37, S. 45–61.
255. Lenhard, Wolfgang (Hg.) (2019): Leseverständnis und Lesekompetenz. Grundlagen – Diagnostik – Förderung. 2., aktual. Aufl. Stuttgart: Kohlhammer. [Tags: Diagnostik, Förderung]
256. Lenhard, Alexandra/Lenhard, Wolfgang/Küspert, Petra (2023): Lesespiele mit Elfe und Mathis. Computerbasierte Leseförderung für die erste bis vierte Klasse. 3., überarb. Aufl. Göttingen: Hogrefe.
257. Lotz, Miriam (2016): Kognitive Aktivierung im Leseunterricht der Grundschule: eine Videostudie zur Gestaltung und Qualität von Leseübungen im ersten Schuljahr. Wiesbaden: Springer VS.
258. Manske, Christel (2020): Inklusives Lesenlernen für Kinder ab drei mit Down-Syndrom, für Leseratten und Legastheniker. 2., veränd. Aufl. Köln: Lehmanns Media. [Tags: Inklusion, Förderung]
259. Martschinke, Sabine/Kammermeyer, Gisela/King, Monica/Forster, Maria (2021): Anlaute hören, Reime finden, Silben klatschen: Erhebungsverfahren zur phonologischen Bewusstheit für Vorschulkinder und Schulanfänger. Augsburg: Auer.
260. Marx, Harald (1998): Knuspels Leseaufgaben (KNUSPEL-L). Göttingen: Hogrefe.
261. Marx, Harald (2000): Einfluss von Lehrmethoden und Hörverstehen auf das Lesenlernen im Grundschulalter. In: Duit, Reinders/Rhöneck, Christoph v. (Hg.): Ergebnisse fachdidaktischer und psychologischer Lehr-Lern-Forschung. Kiel: IPN, S. 191–231.
262. Marx, Harald/Jungmann, Tanja (2000): Abhängigkeit der Entwicklung des Leseverstehens von Hörverstehen und grundlegenden Lesefertigkeiten im Grundschulalter: Eine Prüfung des Simple View of Reading-Ansatzes. In: Zeitschrift für Entwicklungspsychologie und Pädagogische Psychologie 32, 2, S. 81-93.
https://doi.org/10.1026//0049-8637.32.2.81 (Stand: 27.6.2024)
263. Meier, Carolin (2019): Webbasierte Leseförderung in der Grundschule am Beispiel von Antolin: Eine empirische Studie zur Lesesozialisationsforschung. Frankfurt a. M.: Lang. [Tags: Digitalisierung, Medien]
264. Möllers, Rigobert (Hg.) (2013): Mädchen sind Leseratten und Jungen Büchermuffel? Die Faszination von Vorurteilen und ihrer Überwindung. Ergebnisse eines Schul- und Forschungsprojektes zur Lesemotivation aus Sachsen und Thüringen. Bad Berka: Thillm/Dresden: Sächsisches Bildungsinstitut. [Tags: Gender]

265. MÜCKE, Stephan (2006): Vorhersagestabilität von Kontextbedingungen auf die basalen Leseleistungen. In: Schründer-Lenzen, Agi (Hg.): Risikofelder kindlicher Entwicklung. Migration, Leistungsangst und Schulübergang. Berlin: Springer. S. 87–108.

266. MÜLLER, Bettina/RICHTER, Tobias/OTTERBEIN-GUTSCHE, Gabriele (2020): Lesen mit Willy Wortbär: ein silbenbasiertes Training zur Förderung der Worterkennung beim Lesen. Göttingen: Hogrefe.

267. MÜLLER, Claudia (2015): Frühe Literalität an der Schnittstelle des sprachlichen und literarischen Lernens. In: Zeitschrift für Literaturwissenschaft und Linguistik 45, S. 7–27.
https://doi.org/10.1007/BF03379721 (Stand: 1.7.2024)

268. MUNSER-KIEFER, Meike (2014): Leseförderung im Leseteam in der Grundschule: eine Interventionsstudie zur Förderung von basaler Lesefertigkeit und (meta-)kognitiven Lesestrategien. Münster/New York: Waxmann. [Tags: Förderung]

269. NATIONALINSTITUTEOFCHILDHEALTHANDHUMANDEVELOPMENT(2000):Report of the National Reading Panel: Teaching children to read – An evidence-based assessment of the scientific research literature on reading and its implications for reading instruction. Washington DC.

270. NAUGK, Nadine (2019): Kinderliteratur zur kulturellen Begegnung. In: Arbeitsgemeinschaft Jugendliteratur und Medien der GEW (Hg.): Sprachen und Kulturen gemeinsam (er)leben. Materialheft Nr. 60, S. 6–14.
https://www.gew.de/fileadmin/media/publikationen/hv/GEW/Ausschuesse_und_Arbeitsgruppen/AJuM/Materialhefte/Materialheft-Sprache-und-Kulturen-2020-WEB.pdf (Stand: 13.6.2024)

271. NIKLAS, Annemarie (2021): Handlungs- und produktionsorientierte Methoden für den Literaturunterricht. In: Abraham, Ulf/Knopf, Julia (Hg.): Deutsch – Didaktik für die Grundschule. 7., aktual. Neuaufl. Berlin: Cornelsen, S. 45–55.

272. NIX, Daniel (2011): Förderung von Leseflüssigkeit. Theoretisches Konstrukt und empirische Überprüfung eines kooperativen Lautlese-Verfahrens im Deutschunterricht. Weinheim/München: Juventa.

273. NIX, Daniel (2012): Lautlesetandems – das flüssige Lesen im Unterricht kooperativ fördern. In: Grundschule Deutsch 34, S. 26–28.

274. OHLSEN, Nele/PHILIPP, Maik/GARBE, Christine (2009): Lesesozialisation. Ein Arbeitsbuch für Lehramtsstudierende. Paderborn: Schöningh.

275. ORLAND, Clara-Charlotte/RITTER, Michael (2019): Lesetradition und Medienwandel. Überlegungen zur Erforschung von Lesepraxen und Leseer-

werb unter sich ändernden schriftkulturellen Bedingungen. In: kjl&m 19, 4, S. 70–74.

276. PALECZEK, Lisa/SEIFERT, Susanne (Hg.) (2020): Inklusiver Leseunterricht: Leseentwicklung, Diagnostik und Konzepte. Wiesbaden: Springer Fachmedien. [Tags: Inklusion]

277. PFOST, Maximilian/ARTELT, Cordula/WEINERT, Sabine (Hg.) (2013): The development of reading literacy from early childhood to adolescence. Empirical findings from the Bamberg BiKS longitudinal studies. Bamberg: Universtiy of Bamberg Press.
http://opus4.kobv.de/opus4-bamberg/frontdoor/index/index/docId/3770 (Stand: 1.7.2024)

278. PHILIPP, Maik (2010): Lesen empeerisch. Eine Längsschnittstudie zur Bedeutung von peer groups für Lesemotivation und -verhalten. Wiesbaden: VS Verlag für Sozialwissenschaften.
http://dx.doi.org/10.1007/978-3-531-92463-2 (Stand: 1.7.2024)

279. PHILIPP, Maik (2011): Lesesozialisation in Kindheit und Jugend. Lesemotivation, Leseverhalten und Lesekompetenz in Familie, Schule und Peer-Beziehungen. Stuttgart: Kohlhammer.

280. PHILIPP, Maik/JAMBOR-FAHLEN, Simone (Hg.) (2022): Lesen: Prozess- und Produktperspektiven von der Wortebene bis zu multiplen Texten. Weinheim/Basel: Beltz.

281. PHILIPP, Maik/SOUVIGNIER, Elmar (Hg.) (2016): Implementation von Lesefördermaßnahmen: Perspektiven auf Gelingensbedingungen und Hindernisse. Münster/New York: Waxmann.

282. POERSCHKE, Jan (1999): Anfangsunterricht und Lesefähigkeit. Münster u. a.: Waxmann.

283. PUFKE, Eva (2016): Bedeutung feinmotorischer Fertigkeiten für den Leseerwerb im Vorschul- und frühen Grundschulalter. Berlin: Logos.

284. RAUTENBERG, Iris (2019): Zur Didaktik des Lesens im Anfangsunterricht. In: F&E Edition 25, S. 61–70.
https://www.ph-vorarlberg.ac.at/fileadmin/user_upload/RED_SOZ/PDFs/F_E_25/FE25_06_Rautenberg.pdf (Stand 13.6.2024)

285. REICHEN, Jürgen (1988): Lesen durch Schreiben. 3. Aufl. Zürich: sabe.

286. REINHOLD, Bianca (2017): Die Wirkung variablen Lesens verschieden segmentierten Wortmaterials in „Knuspels Lesetraining" auf die Leseleistung leseschwacher Kinder. Hamburg: Verlag Dr. Kovač.
[Tags: Förderung]

287. Richter-Greupner, Waltraud (2016): Literacy-Sozialisation in Familie, Kindergarten und Grundschule: Eine Ethnographische Collage. Leverkusen-Opladen: Budrich UniPress. [Tags: Eltern]

288. Röber, Christa (2010): Die Nutzung der orthographischen Informationen für das Lesen deutscher Wörter: Zur Problematik des Leseunterrichts in der Schule. In: Lutjeharms, Madeline/Schmidt, Claudia (Hg.): Lesekompetenz in Erst-, Zweit- und Fremdsprache. Tübingen: Narr, S. 39–51. https://www.christa-roeber.de/wp-content/uploads/2021/04/Lesekompetenz.pdf (Stand: 13.6.2024)

289. Röber, Christa (2011): Die Leistungen der Kinder beim Lesen- und Schreibenlernen. Grundlagen der Silbenanalytischen Methode. 2., unveränd. Aufl. Baltmannsweiler: Schneider Verlag Hohengehren.

290. Rösch, Heidi (2013): Interkulturelle Literaturdidaktik im Spannungsfeld von Differenz und Dominanz, Diversität und Hybridität. In: Josting, Petra/Roeder, Caroline (Hg.): Das ist bestimmt was Kulturelles. Eigenes und Fremdes am Beispiel von Kinder- und Jugendmedien. München: kopaed, S. 21–32. [Tags: Mehrsprachigkeit]

291. Rösch, Heidi (2019): Mehrsprachige Kinderliteratur im Literaturunterricht. In: Gawlitzek, Ira/Kümmerling-Meibauer, Bettina (Hg.): Mehrsprachigkeit und Kinderliteratur. Stuttgart: Fillibach, S. 143–168. [Tags: Mehrsprachigkeit]

292. Rosebrock, Cornelia (2021): Anforderungen von Sach- und Informationstexten, Anforderungen literarischer Texte. In: Bertschi-Kaufmann, Andrea/Graber, Tanja (Hg.): Lesekompetenz – Leseleistung – Leseförderung. Grundlagen, Modelle und Materialien. 8. Aufl. Seelze/Zug: Klett/Kallmeyer und Balmer, S. 58–75.

293. Rosebrock, Cornelia/Bertschi-Kaufmann, Andrea (Hg.) (2013): Literalität erfassen: bildungspolitisch, kulturell, individuell. Weinheim/Basel: Beltz.

294. Rosebrock, Cornelia/Nix, Daniel (2006): Forschungsüberblick: Leseflüssigkeit (Fluency) in der amerikanischen Leseforschung und -didaktik. In: Didaktik Deutsch 11, 20, S. 90–112. https://didaktik-deutsch.de/index.php/dideu/article/view/260/244 (Stand: 1.7.2024)

295. Rosebrock, Cornelia/Nix, Daniel (2017): Grundlagen der Lesedidaktik und der systematischen schulischen Leseförderung. 8., korr. Aufl. Baltmannsweiler: Schneider Verlag Hohengehren.

296. Rosebrock, Cornelia/Nix, Daniel/Rieckmann, Carola/Gold, Andreas (2021): Leseflüssigkeit fördern. Lautleseverfahren für die Primar- und Sekundarstufe. 6. Aufl. Seelze: Klett/Kallmeyer.

297. SAPPOK, Christopher/FAY, Johanna (2018): Prosodische Aspekte von Leseflüssigkeit messen. Evaluation einer Ratingprozedur mit Audioaufnahmen von DrittklässlerInnen. In: Didaktik Deutsch 23, 44, S. 61–83.
https://doi.org/10.25656/01:22566 (Stand: 1.7.2024)

298. SCHERER, Gabriela (2018): Wenn Bild und Text erzählen. Zum literarischen Verstehen zeitgenössischer Bilderbücher am Beispiel von David Wiesners „Die drei Schweine" und Kathrin Schärers „Johanna im Zug" In: JuLit 44, 1, S. 15–22.

299. SCHERER, Gabriela/VACH, Karin (2019): Interkulturelles Lernen mit Kinderliteratur. Unterrichtsvorschläge und Praxisbeispiele. Seelze: Klett/Kallmeyer. [Tags: Mehrsprachigkeit]

300. SCHERF, Daniel (2013): Leseförderung aus Lehrersicht: eine qualitativ-empirische Untersuchung professionellen Wissens. Wiesbaden: Springer VS.

301. SCHMIDINGER, Elfriede (2007): Individuelle Leseförderung mit Leseportfolios. In: Bertschi-Kaufmann, Andrea (Hg.): Lesekompetenz, Leseleistung, Leseförderung. Grundlagen, Modelle und Materialien. Seelze/Zug: Klett/Kallmeyer und Balmer, S. 140–152.

302. SCHRÖDER, Klarissa (2020): Weil zwischen den Bildern passiert ja auch was: „Page breaks" im Bilderbuch und ihre Rezeption: eine qualitativ-empirische Untersuchung zu Inferenzbildungsprozessen bei Grundschulkindern. Trier: Wissenschaftlicher Verlag Trier.

303. SCHÜLLER, Elisabeth Maria (2014): Lesen als Freizeitbeschäftigung von Grundschulkindern – Entwicklung von Skalen auf Grundlage der Theorie des geplanten Verhaltens. Erlangen: Friedrich-Alexander-Universität Erlangen-Nürnberg.
http://opus4.kobv.de/opus4-fau/frontdoor/index/index/docId/5488 (Stand: 1.7.2024)

304. SCHULTZ, Gudrun (Hg.) (2012): Lesen. Didaktik für die Grundschule. Berlin: Cornelsen.

305. SHAHAR-YAMES, Daphna/SHARE, David L. (2008): Spelling as a self-teaching mechanism in orthographic learning. In: Journal of Research in Reading 31, 1, S. 22–39.
http://dx.doi.org/10.1111/j.1467-9817.2007.00359.x (Stand: 1.7.2024)

306. SHARE, David L. (1995): Phonological recoding and self-teaching: *sine qua non* of reading acquisition. In: Cognition 55, 2, S. 151–218.
https://doi.org/10.1016/0010-0277(94)00645-2 (Stand: 1.7.2024)

307. SPINNER, Kaspar H. (2006): Literarisches Lernen. In: Praxis Deutsch. Zeitschrift für den Deutschunterricht 33, 200, S. 6–16.

308. SPINNER, Kaspar H. (2007): Literarisches Lernen in der Grundschule. In: kjl&m 59, 3, S. 3–10.

309. STABLER, Elisabeth (2019): ELiS – Evidenzbasierte Leseförderung in Schulen: ein Kompendium zur gegenwärtigen Leseförderung in der Primarstufe. Graz: LogoMedia.

310. STAHL, Steven A./MILLER, Patricia D. (1989): Whole language and language experience approaches for beginning reading: A quantitative research synthesis. In: Review of Educational Research 59, 1, S. 87–116. https://doi.org/10.3102/00346543059001087 (Stand: 1.7.2024)

311. VALTIN, Renate (1998): Der ‚neue' Methodenstreit oder: (Was) können wir aus der amerikanischen Leseforschung lernen? In: Balhorn, Heiko/Bartnitzky, Horst/Büchner, Inge/Speck-Hamdan, Angelika (Hg.): Schatzkiste Sprache 1. Von den Wegen der Kinder in die Schrift. (= Beiträge zur Reform der Grundschule 104). Frankfurt a. M.: Arbeitskreis Grundschule, S. 63–80.

312. VALTIN, Renate/TARELLI, Irmela (Hg.) (2014): Lesekompetenz nachhaltig stärken: evidenzbasierte Maßnahmen und Programme. Berlin: Deutsche Gesellschaft für Lesen und Schreiben (DGLS).

313. WALLNER-PASCHON, Christina/ITZLINGER-BRUNEFORTH, Ursula (Hg.) (2019): Lesekompetenz der 10-Jährigen im Trend: vertiefende Analysen zu PIRLS: PIRLS 20.16. Graz: Leykam.

314. WEINHOLD, Swantje (2000): Text als Herausforderung. Zur Textkompetenz am Schulanfang. Mit 296 Schülertexten aus Klasse 1. Freiburg i. Br.: Fillibach.

315. WEINHOLD, Swantje (2006): Entwicklungsverläufe im Lesen- und Schreibenlernen in Abhängigkeit didaktischer Konzepte. In Weinhold, Swantje (Hg.): Schriftspracherwerb empirisch. Konzepte, Diagnostik, Entwicklung. (= Diskussionsforum Deutsch 23). Baltmannsweiler: Schneider Verlag Hohengehren, S. 120–151.

316. WIDHOPF-WIMMER, Annette (2016): Intensivförderung von lese-rechtschreibschwachen Kindern – eine geeignete Förderform in der Grundschule? Vergleich der Effekte nach dem Training mit zwei verschiedenen Förderprogrammen. München: Utz. [Tags: Förderung]

317. WIESCHOLEK, Sabrina (2018): Lesen in Familien mit Family Literacy: Elterliche Unterstützung beim Lesekompetenzerwerb in der ersten Klasse. Wiesbaden: Springer Fachmedien. http://dx.doi.org/10.1007/978-3-658-20858-5 (Stand: 1.7.2024) [Tags: Eltern]

318. WILDEMANN, Anja (2010): Lesen und Schreiben erfolgreich unterrichten. Wege im sprachlichen Anfangsunterricht. München: Oldenbourg.

319. Willenberg, Heiner (2004): Lesestrategien. Vermittlung zwischen Eigenständigkeit und Wissen. In: Praxis Deutsch 31, 187, S. 6–15.

2.3 Sich mit Texten und Medien auseinandersetzen

320. Abraham, Ulf (2021): Medienästhetisches Lernen in der Grundschule – Leitfach Deutsch. In: Abraham, Ulf/Knopf, Julia (Hg.): Deutsch – Didaktik für die Grundschule. 7., aktual. Neuaufl. Berlin: Cornelsen, S. 241–252.
321. Aufenanger, Stefan (2003): Medienkompetenz und Medienbildung. In: AJS-Informationen 39, 1, S. 4–8.
322. Baacke, Dieter (2007): Medienpädagogik. (= Grundlagen der Medienkommunikation 1). Tübingen: Niemeyer.
323. Dammers, Ben/Krichel, Anne/Staiger, Michael (Hg.) (2022): Das Bilderbuch. Theoretische Grundlagen und analytische Zugänge. Stuttgart: Metzler.
324. Dehn, Mechthild/Hoffmann, Thomas/Lüth, Oliver/Peters, Maria (2004): Zwischen Text und Bild. Schreiben und Gestalten mit neuen Medien. Freiburg i. Br.: Fillibach.
325. Dichtl, Eva-Maria (2017): Das zeitgenössische Bilderbuch. Didaktische Chance und Herausforderung in der elementarpädagogischen Ausbildung. Frankfurt a. M.: Lang.
326. Gessner, Ingrid (2020): Augmented Reality und kulturelle Erinnerung: Kritische Medienbildung in kulturwissenschaftlichen Fächern. In: F&E Edition, 26, S. 61–70.
https://www.ph-vorarlberg.ac.at/fileadmin/user_upload/RED_SOZ/PDFs/F_E_26/FE26_06_Gessner.pdf (Stand: 13.6.2024)
327. Groeben, Norbert (2002): Medienkompetenz: Voraussetzungen, Dimensionen, Funktionen. Weinheim: Juventa.
328. Hartong, Sigrid (2023): Kritischer Blick: Digitale Technologien überprüfen. In: Die Grundschule 55, 4, S. 26–27.
329. Kübler, Hans-Dieter (1996): Kompetenz der Kompetenz der Kompetenz… Anmerkungen zur Lieblingsmetapher der Medienpädagogik. In: medien praktisch 20, 2, S. 11–15.
330. Kulcke, Gesine (2020): Kinder. Medien. Kontrolle. Vorstellungen von Lehramtsstudent*innen über den Umgang mit Medien in der Grundschule. (= Pädagogik). Bielefeld: Transcript.
https://doi.org/10.14361/9783839451076 (Stand: 1.7.2024)

331. MAIER, Rebecca/MIKAT, Claudia/ZEITTER, Ernst (Hg.) (1997): Medienerziehung in Kindergarten und Grundschule. 490 Anregungen für die praktische Arbeit. München: kopaed.

332. MÖBIUS, Thomas (2021): Kinderfilm und Kinderhörbuch. In: Abraham, Ulf/Knopf, Julia (Hg.): Deutsch – Didaktik für die Grundschule. 7., aktual. Neuaufl. Berlin: Cornelsen, S. 259–276.

333. PREUSSER, Ulrike (2015): Das Bilderbuch aus didaktischer Perspektive. Ein Forschungsbericht. Halbjahresschrift für die Didaktik der deutschen Sprache und Literatur 20 In: Didaktik Deutsch 20, 39, S. 61–73.

334. SANDER, Ina (2023): Material: Kritische Datenbildung. In: Die Grundschule 55, 4, S. 31–32.

335. SCHERER, Gabriela/HEINTZ, Kathrin/BAHN, Michael (Hg.) (2020): Das narrative Bilderbuch. Türöffner zu literar-ästhetischer Bildung, Erzähl- und Buchkultur. (= KOLA - Koblenz-Landauer Studien zu Geistes-, Kultur- und Bildungwissenschaften 25). Trier: WVT. [Tags: Erzählen]

336. SCHERER, Gabriela/VOLZ, Steffen (Hg.) (2016): Im Bildungsfokus: Bilderbuchrezeptionsforschung. (= KOLA – Koblenz-Landauer Studien zu Geistes-, Kultur- und Bildungwissenschaften 15). Trier: WVT.

337. SUTTER, Tilmann/CHARLTON, Michael (2002): Medienkompetenz – einige Anmerkungen zum Kompetenzbegriff. In: Groeben, Norbert/Hurrelmann, Bettina (Hg.): Medienkompetenz. Voraussetzungen, Dimensionen, Funktionen. Weinheim/München: Juventa, S. 129–147.

338. THIELE, Jens (2002): Zwischen Lackbild und Laptop. Der veränderte Ort des Bilderbuchs. In: Informationen zur Deutschdidaktik (ide) 26, 2, S. 44–51. https://ide.aau.at/wp-content/uploads/2020/03/2002-2.pdf (Stand: 1.7.2024)

339. THIELE, Jens (2021): Das Bilderbuch. In: Lange, Günter (Hg.): Kinder- und Jugendliteratur der Gegenwart. Ein Handbuch. 5. Aufl. Baltmannsweiler: Schneider-Verlag Hohengehren, S. 217–230.

340. TREPTE, Sabine (2016): Medienkompetenz. In: Krämer, Nicole C./Schwan, Stephan/Unz, Dagmar/Suckfüll, Monika (Hg.): Medienpsychologie. Schlüsselbegriffe und Konzepte. 2., überarb. u. erw. Aufl. Stuttgart: Kohlhammer, S. 108–113.

341. VACH, Karin (2011): „Wir sprechen über Sachen..." In: Die Grundschulzeitschrift 25, 245/246, S. 78–82.

342. VACH, Karin (2010): Medienbezogenes kreatives Schreiben. In: Böttcher, Ingrid (Hg.): Kreatives Schreiben. Grundlagen und Methoden. Beispiele, Vorschläge, Projekte. Ab Jahrgangsstufe 2. 6., überarb. Aufl. Berlin: Cornelsen, S. 162–173.

343. VACH, Karin (2011): Europa im Netz. Internet-Recherchen im Projektunterricht. In: Die Grundschule 43, S. 37–40.
344. VACH, Karin (2017): Mit Medien handlungsorientiert umgehen. In: Abraham, Ulf/Knopf, Julia (Hg.): Deutsch – Didaktik für die Grundschule. 4., überarb. Aufl. Berlin: Cornelsen, S. 216–225.
345. WILDEMANN, Anja/FORNOL, Sarah (2015) (Hg.): Sprachliches und mediales Lernen in der Grundschule. (= Papers of Excellence. Ausgewählte Arbeiten aus den Fachdidaktiken 6). Aachen: Shaker.

2.4 Schreiben

346. ANDRESEN, Helga (2005): Vom Sprechen zum Schreiben. Sprachentwicklung zwischen dem vierten und siebten Lebensjahr. Stuttgart: Klett-Cotta.
347. AUGST, Gerhard/DISSELHOFF, Katrin/HENRICH, Alexandra/POHL, Thorsten/VÖLZING, Paul-Ludwig (2007): Text – Sorten – Kompetenz. Eine echte Longitudinalstudie zur Entwicklung der Textkompetenz im Grundschulalter. Frankfurt a. M. u. a.: Lang.
mit online verfügbarem Korpus: https://www.uni-koeln.de/phil-fak/deutsch/pohl/tsk/content/korpus.htm (Stand: 8.10.2024)
348. BANGEL, Melanie/MÜLLER, Astrid (2018): Strukturorientiertes Rechtschreiblernen. Ergebnis einer Interventionsstudie zur Wortschreibung in Klasse 5 mit Blick auf schwache Lerner/-innen. In: Didaktik Deutsch 23, 45, S. 29–49.
https://doi.org/10.25656/01:20396
349. BANGEL, Melanie/RAUTENBERG, Iris/WERTH, Constanze (2020): Syntaxorientierte Didaktik der Großschreibung. Ein Forschungsüberblick. In: Didaktik Deutsch 25, 48, S. 55–70.
https://doi.org/10.25656/01:21673
350. BÄR, Christina/UHL, Benjamin (Hg.) (2018): Texte schreiben in der Grundschule. Zugänge zu kindlichen Perspektiven. Stuttgart: Fillibach bei Klett
351. BARKOW, Ingrid (2015): Von Hand schreiben lernen ja – Ausgangsschrift nein. In: Didaktik Deutsch 20, 39, S. 11–14.
https://www.didaktik-deutsch.de/index.php/dideu/article/view/486 (Stand: 13.4.2024)
352. BARTNITZKY, Horst/HECKER, Ulrich/MAHRHOFER-BERNT, Christina (Hg.) (2014): Grundschrift. Damit die Kinder besser schreiben lernen. 2., überarb. Aufl. (= Beiträge zur Reform der Grundschule 132). Frankfurt a. M.: Grundschulverband.

353. Bartnitzky, Horst/Hecker, Ulrich (2014): Mit der Grundschrift zur individuellen Handschrift. Damit Kinder besser schreiben lernen. In: Die Grundschulzeitschrift 28, 277, S. 21–23.

354. Becker-Mrotzek, Michael (2010): Aufsatz- und Schreibdidaktik. In: Knapp, Karlfried/Antos, Gerd/Becker-Mrotzek, Michael/Deppermann, Arnulf/Göpferich, Susanne/Grabowski, Joachim/Klemm, Michael/Villiger, Claudia (Hg.): Angewandte Linguistik. Ein Lehrbuch. 3., vollst. überarb. und erw. Aufl. Tübingen/Basel: Francke, S. 36–55.

355. Bertschi-Kaufmann, Andrea/Kassis, Wassilis/Sieber, Peter (Hg.) (2004): Mediennutzung und Schriftlernen. Analysen und Ergebnisse zur literalen und medialen Sozialisation. Weinheim/München: Juventa.

356. Bredel, Ursula/Günther, Hartmut (2006): Orthographietheorie und Rechtschreibunterricht. In: Bredel, Ursula/Günther, Hartmut (Hg.): Orthographietheorie und Rechtschreibunterricht. Tübingen: Niemeyer, S. 197–215.

357. Bredel, Ursula/Fuhrhop, Nanna/Noack, Christina (2011): Wie Kinder lesen und schreiben lernen. Tübingen: Narr.

358. Bredel, Ursula/Röber, Christa (2011): Zur Gegenwart des Orthografieunterrichts. In: Bredel, Ursula/Reißig, Tilo: Weiterführender Orthographieerwerb. Hg. von Winfried Ulrich. (= Deutschunterricht in Theorie und Praxis 5). Baltmannsweiler: Schneider Verlag Hohengehren, S. 3–9.

359. Bremerich-Vos, Albert/Wendt, Heike (2019): Zur Nutzung von Laut- bzw. Anlauttabellen im Deutschunterricht der Grundschule. In: Zeitschrift für Angewandte Linguistik 70, S. 19–36.
https://doi.org/10.1515/zfal-2019-2015 (Stand: 2.7.2024)

360. Brügelmann, Hans (2016): Soll die Schreibschrift abgeschafft werden? In: Didaktik Deutsch 21, 40, S. 3–8.
https://doi.org/10.25656/01:16934 (Stand: 2.7.2024)

361. Brügelmann, Hans/Brinkmann, Erika (2012): Freies Schreiben im Anfangsunterricht? Eine kritische Übersicht über Befunde der Forschung. leseforum.ch 2/2012. S. 1–22.
www.leseforum.ch/bruegelmann_brinkmann_2012_2.cfm (Stand: 13.6.2024)

362. Brügelmann, Hans/Hengartner, Elmar/Reichen, Jürgen (1994): Richtig schreiben durch freies Schreiben? In: Brügelmann, Hans/Richter, Sigrun (Hg.): Wie wir recht schreiben lernen. 10 Jahre Kinder auf dem Weg zur Schrift. Lengwil: Libelle, S. 135–148.
https://doi.org/10.25656/01:16858 (Stand: 2.7.2024)

363. BUCLUT, Necle (2018): Individuelle Rechtschreibentwicklung. Eine Längsschnittuntersuchung zur Bedeutung von Einflussfaktoren auf die Wortschreibung. Baltmannsweiler: Schneider Verlag Hohengehren.
364. CUNNINGHAM, Anne E. (2006): Accounting for children's orthographic learning while reading text: Do children self-teach? In: Journal of Experimental Child Psychology 95, 1, S. 56–77.
365. CUNNINGHAM, Anne E./PERRY, Kathryn E./STANOVICH, Keith E./SHARE, David L. (2002): Orthographic learning during reading: examining the role of self-teaching. In: Journal of Experimental Child Psychology 82, S. 185–199.
366. DEHN, Mechthild (1994): Schlüsselszenen zum Schrifterwerb. Arbeitsbuch zum Lese- und Schreibunterricht in der Grundschule. Weinheim/Basel: Beltz.
367. DEHN, Mechthild (2013): Zeit für die Schrift – Lesen und Schreiben im Anfangsunterricht. 4. Aufl. Berlin: Cornelsen.
368. DEHN, Mechthild/MERKLINGER, Daniela/SCHÜLER, Lis (2011): Texte und Kontexte. Schreiben als kulturelle Tätigkeit in der Grundschule. Seelze: Klett/Kallmeyer.
369. DIAZ MEYER, Marianela/SCHNEIDER, Manuela/MARQUARDT, Christian/KNOPF, Julia/LUPTOWICZ, Corinna (2017): Schreibmotorische Förderung bei Erstklässlern: Ergebnisse einer Interventionsstudie. In: Didaktik Deutsch 22, 43, S. 33–56.
https://www.didaktik-deutsch.de/index.php/dideu/article/view/535 (Stand: 13.6.2024)
370. ECKLE, Jannick/KRAFT, Tania (2020): Vom Schreibfrust zur Schreiblust – Mit guten Aufgaben zum Schreiben motivieren. In: Abraham, Ulf/Knopf, Julia (Hg.): Deutsch – Didaktik für die Grundschule. 7., aktual. Neuaufl. Berlin: Cornelsen, S. 68–72.
371. FAY, Johanna (2010): Die Entwicklung der Rechtschreibkompetenz beim Textschreiben. Eine empirische Untersuchung in Klasse 1 bis 4. Frankfurt a. M.: Lang.
372. FEILKE, Helmuth (1996): Die Entwicklung der Schreibfähigkeiten. In: Günther, Hartmut/Ludwig, Otto (Hg.): Schrift und Schriftlichkeit. Ein interdisziplinäres Handbuch internationaler Forschung. 2. Halbband. Berlin/New York: De Gruyter, S. 1178–1191.
373. FEILKE, Helmuth (1995): Schreib', wie Du willst! – Sieh', was Du kannst! Argumente zu einer ‚unfürsorglichen' Didaktik des Schreibens. In: Härle, Gerhard (Hg.): Grenzüberschreitungen. Friedenspädagogik,

Geschlechter-Diskurs, Literatur – Sprache – Didaktik. Festschrift für Wolfgang Popp zum 60. Geburtstag. Essen: Blaue Eule, S. 141–154.

374. FEILKE, Helmuth/AUGST, Gerhard (1993): Schreiben, Schreibschwächen und Grammatik in der Schule. Oder: Der gewendete „rote Pollover". In: Der Deutschunterricht 2, S. 90–96.

375. FITSCH, Verena (2019): Schriftsprache entdecken im Schuleingangsbereich. In: F&E Edition 25, S. 91–96.
https://www.ph-vorarlberg.ac.at/fileadmin/user_upload/RED_SOZ/PDFs/F_E_25/FE25_09_Fitsch.pdf (Stand: 13.6.2024)

376. FIX, Martin (2010): Schreibunterricht – produkt- versus prozessorientiert? In: Huneke, Hans-Werner/Frederking, Volker/Krommer, Axel/Maier, Christel (Hg.): Taschenbuch des Deutschunterrichts. Bd. 1. Sprach- und Mediendidaktik. 9. Aufl. Baltmannsweiler: Schneider Verlag Hohengehren, S. 467–473.

377. FRAHM, Sarah/BLATT, Inge (2015): Gibt es überhaupt einen Unterschied zwischen Hand- und Computerschreiben? Zu Mode-Effects bei der Rechtschreibtestung in Klasse 5. In: Didaktik Deutsch 20, 39, S. 3–6.
https://www.didaktik-deutsch.de/index.php/dideu/article/view/484 (Stand: 13.6.2024)

378. FRIEDRICH, Karin (2010): Unterrichtskonzept und Schriftspracherwerb. Dissertation Pädagogische Hochschule Heidelberg.
https://opus.ph-heidelberg.de/frontdoor/deliver/index/docId/28/file/Friedrich_Dissertation_03_08_2010.pdf (Stand: 13.6.2024)

379. FUCHS, Mechtild/RÖBER-SIEKMEYER, Christa (2002): Elemente eines phonologisch bestimmten Konzepts für das Lesen- und Schreibenlernen: die musikalische Hervorhebung prosodischer Strukturen. In: Röber, Christa/Tophinke, Doris (Hg.): Schrifterwerbskonzepte zwischen Sprachwissenschaft und Pädagogik. Baltmannsweiler: Schneider Verlag Hohengehren, S. 98–122.
https://www.christa-roeber.de/wp-content/uploads/2021/04/hp_roeber_elemente_konzept_phonologisch_bestimmt.pdf (Stand: 2.7.2024)

380. FUNKE, Reinold (2014): Erstunterricht nach der Methode ‚Lesen durch Schreiben' und Ergebnisse schriftsprachlichen Lernens – Eine metaanalytische Bestandsaufnahme. In: Didaktik Deutsch : Halbjahresschrift für die Didaktik der deutschen Sprache und Literatur 19 (2014) 36, S. 21–41.

381. FUNKE, Reinold (2021): Üben und Rechtschreiblernen: Selbstverständliches im Selbstverständnis des Faches. In: Didaktik Deutsch 26, 50, S. 60–75.
https://doi.org/10.25656/01:22958 (Stand: 2.7.2024)

382. Füssenich, Iris/Löffler, Cordula (2018): Schriftspracherwerb. Einschulung, erstes und zweites Schuljahr. 3., aktual. Aufl. München: Reinhardt.

383. Füssenich, Iris/Geisel, Carolin/Schiefele, Christoph (2018): Literacy im Kindergarten. Vom Sprechen zur Schrift. 2., überarb. Aufl. Mit 17 Abbildungen, 2 Tabellen und 14 Kopiervorlagen. München: Reinhardt.

384. Gall, Maria (2021): Bausteine für frühen Schriftspracherwerb. Wien: Praesens. [Tags: Schreiben]

385. Geilfuss-Wolfgang, Jochen (2006): Über die Worttrennung in der Grundschule. In: Bredel, Ursula/Günther, Hartmut (Hg.): Orthographietheorie und Rechtschreibunterricht. (= Linguistische Arbeiten 509). Tübingen: Niemeyer, S. 103–125.

386. Geisel, Carolin (2007): Umgang mit Schrift(-sprache) im Elementarbereich. Beobachten kindlicher Fähigkeiten mit Hilfe eines Bilderbuchs. In: Deutsch differenziert 2, 2, S. 16–19.

387. Gombert, Jean E./Fayol, Michel (1992): Writing in preliterate children. In: Learning and Instruction 2, 1, S. 23–41.
https://doi.org/10.1016/0959-4752(92)90003-5 (Stand: 2.7.2024)

388. Günther, Hartmut (2006): Kennen Grundschulkinder der ersten und zweiten Klasse Silbengrenzen? In: Bredel, Ursula/Günther, Hartmut (Hg.): Orthographietheorie und Rechtschreibunterricht. Tübingen: Niemeyer, S. 127–138.

389. Hanke, Petra (2005): Öffnung des Unterrichts in der Grundschule. Lehr-Lernkulturen und orthographische Lernprozesse im Grundschulbereich. Münster: Waxmann.

390. Haueis, Eduard (2023): Verpasste Chancen? Didaktik der Schriftvermittlung im Rückblick. In: Osnabrücker Beiträge zur Sprachtheorie 101, S. 27–44.
https://doi.org/10.17192/obst.2023.101.8600 (Stand: 2.7.2024)

391. Hinney, Gabriele (1997): Neubestimmung von Lerninhalten für den Rechtschreibunterricht. Ein fachdidaktischer Beitrag zur Schriftaneignung als Problemlöseprozeß. Frankfurt a. M. Lang.

392. Hinney, Gabriele (2004): Das Ganze ist mehr als die Summe der Teile. Das Konzept der Schreibsilbe und seine didaktische Modellierung. Ein Beitrag zur Schriftaneignung als Problemlösungsprozess. In: Bredel, Ursula/Siebert-Ott, Gesa/Thelen, Tobias (Hg.): Schriftspracherwerb und Orthographie. Baltmannsweiler: Schneider Verlag Hohengehren, S. 72–90.

393. HÜTTIS-GRAFF, Petra (1997): Schriftorientierung im Unterricht. Rechtschreiblernen unter den Bedingungen von Mehrsprachigkeit. In: Die Grundschulzeitschrift 11, 107, S. 48–53.

394. HÜTTIS-GRAFF, Petra (1998): Rechtschreiblernen und Unterricht: Der Blick auf die Klassen. In: Osburg, Claudia (Hg.): Textschreiben, Rechtschreiben, Alphabetisierung. Initiierung sprachlicher Lernprozesse im Bereich der Grundschule, Sonderschule und Erwachsenenbildung. Baltmannsweiler: Schneider Verlag Hohengehren, S. 44–71.

395. INDRIST, Christina (2019): Die Regelhaftigkeit der Orthographie erkennen – der Schlüssel zur Schärfungsschreibung, ein silbenanalytisches Interventionsprojekt in einer vierten Klasse Volksschule. In: F&E Edition 25, S. 115–120.
https://www.ph-vorarlberg.ac.at/fileadmin/user_upload/RED_SOZ/PDFs/F_E_25/FE25_14_Indrist.pdf (Stand: 18.6.2024)

396. JEUK, Stefan/SCHÄFER, Joachim (2019): Schriftsprache erwerben – Didaktik für die Grundschule. 5., aktual. Neuaufl. Berlin: Cornelsen.

397. KIRCHNER, Sabine (2019): Rechtschreiblernen: Fallbeispiele als Ausgangspunkt für fachdidaktische Reflexionen. In: Rumpf, Dietlinde/Winter, Stephanie (Hg.): Kinderperspektiven im Unterricht. Wiesbaden: Springer VS, S. 133–146.

398. KIRSCHHOCK, Eva-Maria (2004): Entwicklung schriftsprachlicher Kompetenzen im Anfangsunterricht. (= Klinkhardt Forschung). Bad Heilbrunn: Klinkhardt.
https://open.fau.de/handle/openfau/49 (Stand: 2.7.2024) (Link führt zu früherer, frei zugänglicher Version)

399. KOHL, Eva Maria (2021): Anregungen für das Kreative Schreiben. In: Abraham, Ulf/Knopf, Julia (Hg.): Deutsch – Didaktik für die Grundschule. 7., aktual. Neuaufl. Berlin: Cornelsen, S. 73–83.

400. KRELLE, Michael (2021): Texte schreiben, überarbeiten, bewerten: analog und digital – ein Überblick. In: Abraham, Ulf/Knopf, Julia (Hg.): Deutsch – Didaktik für die Grundschule. 7., aktual. Neuaufl. Berlin: Cornelsen, S. 56–67.

401. KRUSE, Norbert (2021): Rechtschreiben im Unterricht der Grundschule. In: Abraham, Ulf/Knopf, Julia (Hg.): Deutsch – Didaktik für die Grundschule. 7., aktual. Neuaufl. Berlin: Cornelsen, S. 121–130.

402. KRUSE, Norbert/REICHARDT, Anke (Hg.) (2016): Wie viel Rechtschreibung brauchen Grundschulkinder? Positionen und Perspektiven zum Rechtschreibunterricht in der Grundschule. Berlin: ESV.

403. KRUSE, Norbert/REICHARDT, Anke/HERRMANN, Maik/HEINZEL, Friederike/LIPOWSKY, Frank (2012): Zur Qualität von Kindertexten. Entwicklung eines Bewertungsinstruments in der Grundschule. In: Didaktik Deutsch 17, 32, S. 87–110.
https://doi.org/10.25656/01:21266 (Stand: 2.7.2024)

404. KÜRZINGER, Anja/POHLMANN-ROTHER, Sanna (2015): Möglichkeiten einer objektiven und reliablen Bestimmung von Textqualität im Anfangsunterricht. Methodisches Vorgehen und deskriptive Befunde aus dem Projekt NaSch1. In: Didaktik Deutsch 20, 38, S. 60–79.
https://doi.org/10.25656/01:17145 (Stand: 2.7.2024)

405. LANDERL, Karin/LINORTNER, Renate/WIMMER, Heinz (1992): Phonologische Bewusstheit und Schriftspracherwerb im Deutschen. In: Zeitschrift für Pädagogische Psychologie 6, 1, 2. 17–33.

406. LESSMANN, Beate (2007): Individuelle Lernwege im Schreiben und Rechtschreiben. Ein Handbuch für den Deutschunterricht. Teil 1: Klassen 1 und 2. Heinsberg: Dieck.

407. LESSMANN, Beate (2013): Individuelle Lernwege im Schreiben und Rechtschreiben. Ein Handbuch für den Deutschunterricht. Teil 2 A: Entwicklung von Schreibkompetenz auf der Grundlage individuell bedeutsamer Texte. Klassen 3 bis 6. Heinsberg: Dieck.

408. LESSMANN, Beate (2013): Individuelle Wege im Schreiben und Rechtschreiben. Ein Handbuch für den Deutschunterricht. Teil 2 B: Entwicklung von Rechtschreibekompetenz im Kontext des Schreibens. Klassen 3 bis 6. Heinsberg: Dieck.

409. LIEBERS, Katrin (2010): Schriftsprachspezifische Lernvoraussetzungen von Schulanfängerinnen und Schulanfängern. Ergebnisse einer Erhebung im Land Brandenburg. Ludwigsfelde: Landesinstitut für Schule und Medien Berlin-Brandenburg (LISUM).

410. LIEBERS, Katrin/HEGER, Beate (2017): Erwerb früher Literalität im Übergang von der Kita in die Grundschule. Befunde einer Längsschnittuntersuchung unter besonderer Berücksichtigung von Geschlechterunterschieden. In: Frühe Bildung 6, 4, S. 191–198.
https://doi.org/10.1026/2191-9186/a000345 (Stand: 2.7.2024)

411. LÖFFLER, Ilona/MEYER-SCHEPERS, Ursula/MECKEL, Christiane (2009): Mindeststandard Rechtschreibung. Welche Kompetenzen müssen Kinder am Anfang der 2. Klasse erworben haben? In: Valtin, Renate/Hofmann, Bernhard (Hg.): Kompetenzmodelle der Orthographie. Empirische Befunde und förderdiagnostische Möglichkeiten. Berlin: Deutsche Gesellschaft für Lesen und Schreiben (DGLS), S. 148–159.
https://doi.org/10.25656/01:21169 (Stand: 3.7.2024)

412. MAHRHOFER, Christina (2004): Schreibenlernen mit graphomotorisch vereinfachten Schreibvorgaben. Eine experimentelle Studie zum Erwerb der verbundenen Ausgangsschrift in der 1. und 2 Jahrgangsstufe. Bad Heilbrunn: Klinkhardt.

413. MAY, Peter (1994): Rechtschreibfähigkeit und Unterricht. Rechtschreibleistungen Hamburger Schüler/innen im 4. Schuljahr in Zusammenhang mit Merkmalen schriftsprachlichen Unterrichts. Hamburg: Universität Hamburg.

414. MAY, Peter (2001): Lernförderlicher Unterricht. Bd. 1. Frankfurt a. M.: Lang.

415. MAY, Peter (2013): Hamburger Schreib-Probe. Stuttgart: Klett.

416. METZE, Wilfried (2008): Lernwegsorientierter Schriftspracherwerb im Spiegel der Empirie und des Schulalltags.
http://www.wilfriedmetze.de/Vortrag_Zurich_31.5.08.pdf

417. MÜLLER, Astrid (2010): Rechtschreiben lernen. Die Schriftstruktur entdecken – Grundlagen und Übungsvorschläge. Seelze: Klett/Kallmeyer.

418. MÜLLER, Astrid (2021): Schriftspracherwerb und Rechtschreiblernen. In: Abraham, Ulf/Knopf, Julia (Hg.): Deutsch – Didaktik für die Grundschule. 7., aktual. Neuaufl. Berlin: Cornelsen, S. 96–105.

419. MÜLLER, Claudia (2015): Sprachliches Wissen von Kindern am Schriftanfang. Anmerkungen zu dem Konstrukt „Phonologische Bewusstheit". In: Röber, Christa/Olfert, Helena (Hg.): Schriftsprach- und Orthographieerwerb: Erstlesen, Erstschreiben. (= Deutschunterricht in Theorie und Praxis 2). Baltmannsweiler: Schneider Verlag Hohengehren, S. 140–162.

420. MÜLLER, Hans-Georg/KEPSER, Matthis/SCHALLENBERGER, Stefan (2018): Getrennt- und Zusammenschreibung – ein konsistentes Konstrukt? Erste Ergebnisse einer empirischen Studie. In: Didaktik Deutsch 23, 45, S. 74–93.
https://doi.org/10.25656/01:20398 (Stand: 1.3.2024)

421. OSSNER, Jakob (2021): Strategien im Rechtschreibunterricht kennen und anwenden. In: Abraham, Ulf/Knopf, Julia (Hg.): Deutsch – Didaktik für die Grundschule. 7., aktual. Neuaufl. Berlin: Cornelsen, S. 106–120.

422. PFATSCHBACHER, Birgit (2019): ADAM und EVA im Vergleich. Eine Längsschnittuntersuchung in Kärnten über die Auswirkungen eines veränderten Anfangsunterrichts (EVA) in Deutsch beim Erstlese- und Erstschreiberwerb auf die Lese- und Rechtschreibfertigkeiten von Kindern der Primarstufe. Dissertation Karl-Franzens-Universität Graz.
https://unipub.uni-graz.at/download/pdf/4680558 (Stand: 3.7.2024)

423. PHILIPP, Maik (2013): Lese- und Schreibunterricht. Tübingen/Basel: Francke. [Tags: Lesen]
424. PHILIPP, Maik (2014): Selbstreguliertes Schreiben. Schreibstrategien erfolgreich vermitteln. Weinheim/Basel: Beltz.
425. PHILIPP, Maik (2015): Schreibkompetenz. Komponenten, Sozialisation und Förderung. Tübingen: Francke.
426. PHILIPP, Maik (2020): Grundlagen der effektiven Schreibdidaktik und der systematischen schulischen Schreibförderung. 8., erw. Aufl. Baltmannsweiler: Schneider Verlag Hohengehren.
427. PRIMUS, Beatrice (2003): Zum Silbenbegriff in der Schrift-, Laut- und Gebärdensprache – Versuch einer mediumübergreifenden Fundierung. In: Zeitschrift für Sprachwissenschaft 22, 1, S. 3–55.
428. QUASTHOFF, Uta M./OHLHUS, Sören/STUDE, Juliane (2009): Der Erwerb von Textproduktionskompetenz im Grundschulalter. Ressourcen aus der Mündlichkeit und ihre unterschiedliche Nutzung. In: Zeitschrift für Grundschulforschung 2, 2, S. 56–68.
429. RACKWITZ, Rüdiger-Philipp (2008): Ist die phonologische Bewusstheit wirklich Voraussetzung für einen erfolgreichen Schriftspracherwerb? Schwäbisch Gmünd: Pädagogische Hochschule.
https://nbn-resolving.org/urn:nbn:de:bsz:752-opus-12 (Stand: 3.7.2024)
430. RAUTENBERG, Iris (Hg.) (2020): Evidenzbasierte Forschung zum Schriftspracherwerb. Baltmannsweiler: Schneider Verlag Hohengehren.
431. RIEGLER, Susanne (2009): Grammatisches Lernen bei der Arbeit mit einer (An-)Lauttabelle? Beurteilungskriterien für Lehrerinnen und Lehrer. In: Grundschulunterricht Deutsch 3, S. 16–19.
432. RIEHMANN, Stephanie (2006): Emotionale und (schrift-)sprachliche Förderung mit Bilderbüchern. In: Bahr, Reiner/Iven, Claudia (Hg.): Sprache – Emotion – Bewusstheit. Beiträge zur Sprachtherapie in Schule, Praxis, Klinik. Idstein: Schulz-Kirchner, S. 168–177.
433. RITTER, Michael (2012): Mit Anna und Lotte ins Buchstabenland. Kreativ malen, erzählen und schreiben zu Bilderbüchern in Klasse 1. In: Sache – Wort – Zahl 40, 129, S. 50–55.
434. RÖBER-SIEKMEYER, Christa (1997): Die Schriftsprache entdecken. Rechtschreiben im offenen Unterricht. Weinheim/Basel: Beltz.
435. RÖBER-SIECKMEYER, Christa (1999): Ein anderer Weg zur Groß- und Kleinschreibung. Leipzig/Düsseldorf/Stuttgart: Klett-Grundschulverlag.
http://www.christa-roeber.de/wp-content/uploads/2021/04/Ein_anderer_Weg_zur_Gross-_und_Kleinschreibung.pdf (Stand: 18.6.2024)

436. RÖBER-SIECKMEYER, Christa (2002): Prosodisch orientierte Untersuchungen zur Wahrnehmung von Schärfungswörtern von Kindern am Schriftanfang. In: Tophinke, Doris/Röber-Siekmeyer, Christa (Hg.): Schärfungsschreibung im Fokus. Baltmannsweiler: Schneider Verlag Hohengehren, S. 106–143.
http://www.christa-roeber.de/wp-content/uploads/2021/04/hp_roeber_untersuchungen_prosodieorientiert_wahrnehmung_von_schaerfungswoertern.pdf (Stand: 18.6.2024)

437. RÖBER-SIECKMEYER, Christa (2002): Schrifterwerbskonzepte zwischen Pädagogik und Sprachwissenschaft – Versuch einer Standortbestimmung. In: Röber-Sieckmeyer, Christa/Tophinke, Doris (Hg.): Schrifterwerbskonzepte zwischen Sprachwissenschaft und Pädagogik. Baltmannsweiler: Schneider Verlag Hohengehren, S. 10–29.
http://www.christa-roeber.de/wp-content/uploads/2021/04/hp_roeber_schrifterwerbskonzepte_versuch_standortbestimmung.pdf (Stand: 8.10.2024)

438. RÖBER-SIECKMEYER, Christa (2002): Wozu dienen Buchstaben beim Lesen- und Schreibenlernen? Eine nicht provokative Frage. In: Grömminger, Arnold (Hg.): Geschichte der Fibel. Frankfurt a. M. u. a.: Lang, S. 335–366.
http://www.christa-roeber.de/wp-content/uploads/2021/04/roeber_hp_aufsatz_groemminger.pdf (Stand: 19.6.2024)

439. RÖBER-SIECKMEYER, Christa (2002): Spiralen und Lassos: Sprachwissenschaft – Sprachdidaktik – Pädagogik. In: Bommes, Michael/Noack, Christina/Tophinke, Doris (Hg.): Die Sprache als Form der Praxis. Festschrift für Utz Maas. Opladen/Wiesbaden: Westdeutscher Verlag, S. 183–197.
https://www.christa-roeber.de/wp-content/uploads/2021/04/spiralen_lassos.pdf (Stand: 19.6.2024)

440. RÖBER, Christa (2005): Die Berücksichtigung des kindlichen Sprachwissens für den Schrifterwerb. In: Huneke, Hans-Werner (Hg.): Geschriebene Sprache. Strukturen, Erwerb, didaktische Modellbildungen. Heidelberg: Beltz Wissenschaft, S. 129–144.
http://www.christa-roeber.de/wp-content/uploads/2021/04/hp_roeber_beruecksichtigung_sprachwissen_kindliches_fuer_schrifterwerb.pdf (Stand: 3.7.2024)

441. RÖBER, Christa (2006): Die Entwicklung orthographischer Fähigkeiten im mehrsprachigen Kontext. In: Bredel, Ursula/Günther, Hartmut/Klotz, Peter/Ossner. Jakob/Siebert-Ott, Gesa (Hg.): Didaktik der deutschen Sprache. Ein Handbuch. 1. Teilband. 2., durchges. Aufl. Paderborn u. a.: Schöningh, S. 392–404.

442. RÖBER, Christa (2006): Die Systematik der Orthographie als Basis von Analysen von Kinderschreibungen. Eine empirische Untersuchung zur Schreibung der i-Laute. In: Bredel, Ursula/Günther, Hartmut (Hg.):

Orthographietheorie und Rechtschreibunterricht. (= Linguistische Arbeiten 509). Tübingen: Niemeyer, S. 71–101.
https://www.christa-roeber.de/wp-content/uploads/2021/04/hp_roeber_aufsatz_ischreibung_18_08_05.pdf (Stand: 3.7.2024)

443. RÖBER, Christa (2006): Die Schriftsprache ist gleichsam die Algebra der Sprache. Notwendigkeit und Möglichkeit eines systematischen Schrifterwerbs. In: Weinhold, Swantje (Hg.): Schriftspracherwerb empirisch. Konzepte, Diagnostik, Entwicklung. Baltmannsweiler: Schneider Verlag Hohengehren, S. 6–43.
https://www.christa-roeber.de/wp-content/uploads/2021/04/hp_roeber_aufsatz_algebradersprache_f_schreibungen.pdf (Stand: 3.7.2024)

444. RÖBER, Christa (2006): Begründung für eine didaktische Neukonzipierung der Heranführung an die Schrift. In: Alfa-Forum 63, S. 22–27.
http://www.christa-roeber.de/wp-content/uploads/2021/04/hp_roeber_aufsatz_alfa_forum_rechtschreiblernen.pdf (Stand: 3.7.2024)

445. RÖBER, Christa (2007): Schriftlernen unter Berücksichtigung des kindlichen Schriftwissens. In: Schöler, Hermann/Welling, Alfons (Hg.): Sonderpädagogik der Sprache. (= Handbuch der Sonderpädagogik 1). Göttingen u. a.: Hogrefe, S. 148–172.
http://www.christa-roeber.de/wp-content/uploads/2021/04/hp_roeber_aufsatz_schoeler_kap_1_4.pdf (Stand: 3.7.2024)

446. RÖBER, Christa (2009): Eine silbenanalytische Auswertung von Wortschreibungen und ihre Konsequenzen für den Schrifterwerb. In: Valtin, Renate/Hofmann, Bernhard (Hg.): Kompetenzmodelle der Orthographie. Empirische Befunde und förderdiagnostische Möglichkeiten. Berlin: Deutsche Gesellschaft für Lesen und Schreiben (DGLS), S. 114–145.
https://doi.org/10.25656/01:21169 (Stand: 3.7.2024)

447. RÖBER-SIEKMEYER, Christa (2010): Schrifterwerb. In: Knapp, Karlfried/Antos, Gerd/Becker-Mrotzek, Michael/Deppermann, Arnulf/Göpferich, Susanne/Grabowski, Joachim/Klemm, Michael/Villiger, Claudia (Hg.): Angewandte Linguistik. Ein Lehrbuch. 3., vollst. überarb. u. erw. Aufl. Tübingen/Basel: Francke, S. 5–25.
https://www.christa-roeber.de/wp-content/uploads/2021/04/hp_roeber_schrifterwerb_in_knapp.pdf (Stand: 3.7.2024)

448. RÖBER, Christa (2010): Aufgaben für eine Lehrerbildung im Sinne des Aufbaus von literatem Wissen (literacy) durch den Schrifterwerb. In: König, Johannes/Hofmann, Bernhard (Hg.): Professionalität von Lehrkräften. Berlin: Deutsche Gesellschaft für Lesen und Schreiben (DGLS), S. 161–177.
https://www.christa-roeber.de/wp-content/uploads/2021/04/Aufgaben-fuer-die-Lehrerbildung-Berlin2010.pdf (Stand: 3.6.2024)

449. Röber, Christa (2010): Warum Erwachsene die „Schriftbrille" ablegen müssen. In: Grundschule Deutsch 27, S. 7–10.
http://www.christa-roeber.de/wp-content/uploads/2021/04/Warum_Erwachsene_die_Schriftbrille_ablegen_muessen.pdf (Stand: 3.6.2024)

450. Röber, Christa (2010): Mehr Systematik bei der Großschreibung. In: Grundschule Deutsch 27, S. 21–23.
http://www.christa-roeber.de/wp-content/uploads/2021/04/Mehr_Systematik_bei_der_Grossschreibung.pdf (Stand: 3.6.2024)

451. Röber, Christa (2011): Die Leistungen der Kinder beim Lesen- und Schreibenlernen. Grundlagen der Silbenanalytischen Methode. Baltmannsweiler: Schneider Verlag Hohengehren.

452. Röber, Christa (2015): Rechtschreiben durch Rechtlesen. Grundlagen für ein alternatives Konzept zum Schrifterwerb. In: Röber, Christa/Olfert, Helena (Hg.): Schriftsprach- und Orthographieerwerb: Erstlesen, Erstschreiben. (= Deutschunterricht in Theorie und Praxis 2). Baltmannsweiler: Schneider Verlag Hohengehren, S. 163–226.
https://www.christa-roeber.de/wp-content/uploads/2021/04/2015_DTP_2_Roeber-1_Korrekturfahne.pdf (Stand: 3.6.2024)

453. Röber, Christa (2018): Rechtschreiben durch Rechtlesen. Ein Weg zum verstehenden Lernen beim Schriftspracherwerb. In: Die Grundschule 6, S. 20–24.

454. Röber, Christa/Müller, Claudia (2008): Der Aufbau von professionellem sprachlichem Wissen als Voraussetzung für eine kompetente Sprachförderung vorschulischer Kinder. Eine Expertise. Gefördert durch die Robert Bosch Stiftung im Programm PiK – Profis in Kitas. Freiburg i. Br.
https://www.christa-roeber.de/wp-content/uploads/2021/04/Bosch_Expertise_abgeschickte_Fassung_9.7.08.pdf (Stand: 3.7.2024)

455. Röber, Christa/Häusle, Rafaela/Berchtold, Magdalena (2019): Erstklässler entdecken die Orthographie als Helferin für das Rechtlesen und Rechtschreiben. Vorstellung des Schriftsprachstrukturierenden Konzeptes PALOPE. In: F&E Edition 25, S. 47–60.
https://www.ph-vorarlberg.ac.at/fileadmin/user_upload/RED_SOZ/PDFs/FE25_05_Roeber_et_al.pdf

456. Röber-Siekmeyer, Christa/Spiekermann, Helmut (2000): Die Ignorierung der Linguistik in der Theorie und Praxis des Schriftspracherwerbs. Überlegungen zu einer Neubestimmung des Verhältnisses von Pädagogik und Phonetik/Phonologie. In: Zeitschrift für Pädagogik 46, S. 753–771.
https://doi.org/10.25656/01:6922 (Stand: 3.7.2024)

457. Röhr-Sendlmeier, Una M./Wagner, Helene/Götze, Irina (2007): Die Auswirkungen unterschiedlicher Didaktiken und elterlicher Anregungen

auf den Orthographieerwerb im Grundschulalter. In: Bildung und Erziehung 60, 3, S. 357–375.
http://dx.doi.org/10.7788/bue.2007.60.3.357 (Stand: 19.6.2024)

458. RÖNICKE, Nadine (2012): Was macht der Faun am Nachmittag? In: Ritter, Alexandra/Ritter, Michael (Hg.): Schreibkompetenz und Schriftkultur. Ein Lese- und Arbeitsbuch. (= Beiträge zur Reform der Grundschule 133). Frankfurt a. M.: Grundschulverband, S. 300–302.

459. ROOS, Jeanette/SCHÖLER, Hermann (2009): Entwicklung des Schriftspracherwerbs in der Grundschule. Längsschnittanalyse zweier Kohorten über die Grundschulzeit. Wiesbaden: VS Verlag für Sozialwissenschaften.
https://doi.org/10.1007/978-3-531-91574-6 (Stand: 3.7.2024)

460. SANDER, Elke (2006): Rechtschreibprobleme von Schülern am Ende der Grundschulzeit. Dissertation Universität zu Köln.
https://d-nb.info/988835754/34 (Stand: 3.7.2024)

461. SASSE, Ada (2006): Vom restringierten Sprachcode der Unterschicht zu Wertorientierungen und Alltagspraxen in schriftfernen Milieus. In: Valtin, Renate/Sasse, Ada (Hg.): Schriftspracherwerb und soziale Ungleichheit. Zwischen kompensatorischer Erziehung und Family Literacy. Berlin: Deutsche Gesellschaft für Lesen und Schreiben (DGLS), S. 66–75.
https://doi.org/10.25656/01:21017 (Stand: 3.6.2024)

462. VALTIN, Renate/SASSE, Ada (Hg.): Schriftspracherwerb und soziale Ungleichheit. Zwischen kompensatorischer Erziehung und Family Literacy. Berlin: Deutsche Gesellschaft für Lesen und Schreiben (DGLS).
https://doi.org/10.25656/01:21017 (Stand: 3.7.2024)

463. SCHÄFER, Joachim/KIRSTE, Friederike (2021): Schreibkonferenzen organisieren und moderieren. In: Abraham, Ulf/Knopf, Julia (Hg.): Deutsch – Didaktik für die Grundschule. 7., aktual. Neuaufl. Berlin: Cornelsen, S. 84–95.

464. SCHALLER, Pascale (2018): Konstruktion von Sprache und Sprachwissen. Eine empirische Studie zur Schriftspracheneignung sprachstarker und sprachschwacher Kinder. (= Germanistische Linguistik 309). Berlin/Boston: De Gruyter.
https://doi.org/10.1515/9783110555165 (Stand: 3.7.2024)

465. SCHEERER-NEUMANN, Gerheid (2004): Lese-Rechtschreib-Schwäche: Wo stehen wir heute? In: Thomé, Günther (Hg.): Lese-Rechtschreib-Schwierigkeiten (LRS) und Legasthenie. Eine grundlegende Einführung. Weinheim/Basel: Beltz, S. 22–39.

466. SCHEERER-NEUMANN, Gerheid (2020): Schreiben lernen nach Gehör? Freies Schreiben kontra Rechtschreiben von Anfang an. Seelze: Klett/Kallmeyer.

467. SCHNEIDER, Wolfgang/ROTH, Ellen/KÜSPERT, Petra/ENNEMOSER, Markus (1998): Kurz- und langfristige Effekte eines Trainings der sprachlichen (phonologischen) Bewusstheit bei unterschiedlichen Leistungsgruppen: Befunde einer Sekundäranalyse. In: Zeitschrift für Entwicklungspsychologie und Pädagogische Psychologie 30, 1, S. 26–39.

468. SCHNEIDER, Wolfgang/VISÉ, Mechthild/REIMERS, Petra/BLAESSER, Barbara (1994): Auswirkungen eines Trainings der sprachlichen Bewusstheit auf den Schriftspracherwerb in der Schule. In: Zeitschrift für Pädagogische Psychologie 8, 3/4, S. 177–188.

469. SENDLMEIER, Walter F./OERTEL, Alexandra (2015): Rechtschreibdidaktiken im ersten Schuljahr. Eine psychologische und sprachwissenschaftliche Einordnung und Bewertung. (= Lebenslang lernen 13). Berlin: Logos.

470. SCHRÜNDER-LENZEN, Agi (2009): Schriftspracherwerb und Unterricht. Bausteine professionellen Handlungswissens. 3. Aufl. Wiesbaden: VS Verlag für Sozialwissenschaften.
https://doi.org/10.1007/978-3-531-91817-4 (Stand: 3.7.2024)

471. SHARE, David L. (1999): Phonological recoding and orthographic learning: A direct test of the self-teaching hypothesis. In: Journal of Experimental Child Psychology 72, 2, S. 95–129.
https://doi.org/10.1006/jecp.1998.2481 (Stand: 3.7.2024)

472. SOMMER-STUMPENHORST, Norbert (2015): Richtig schreiben lernen mit Modellwörtern. Grundlagen für einen sicheren Umgang mit der Schriftsprache. 3., vollst. überarb. u. erg. Neuaufl. Beckum: Verlag Graf Orthos Rechtschreibwerkstatt.

473. STURM, Afra (2015): Handschrift-Förderung im Kontext profilierter Schreibaufgaben. In: Didaktik Deutsch 20, 39, S. 7–10.
https://www.didaktik-deutsch.de/index.php/dideu/article/view/485 (Stand: 19.6.2024)

474. TOPHINKE, Doris/RÖBER, Christa (Hg.) (2002): Schärfungsschreibung im Fokus. Zur schriftlichen Repräsentation sprachlicher Strukturen im Spannungsfeld von Sprachwissenschaft und Didaktik. Baltmannsweiler: Schneider Verlag Hohengehren.

475. WAHL, Stefan/RAUTENBERG, Iris/HELMS, Stefanie (2017): Evaluation einer syntaxbasierten Didaktik zur satzinternen Großschreibung. In: Didaktik Deutsch 22, 42, S. 32–52.
https://doi.org/10.25656/01:16879 (Stand: 3.7.2024)

476. WEINHOLD, Swantje (2009): Effekte fachdidaktischer Ansätze auf den Schriftspracherwerb in der Grundschule. Lese- und Rechtschreibleistungen in den Jahrgangsstufen 1–4. In: Didaktik Deutsch 14, 27, S. 52–75.
https://doi.org/10.25656/01:21339 (Stand: 3.7.2024)

477. WEINHOLD, Swantje (2010): Schriftspracherwerb. In: Lange, Günter/Weinhold, Swamtje (Hg.): Grundlagen der Deutschdidaktik. Sprachdidaktik – Mediendidaktik – Literaturdidaktik. Baltmannsweiler: Schneider Verlag Hohengehren, S. 2–33.

478. WEINHOLD, Swantje (2014): Schreiben in der Grundschule. In: Pohl, Thorsten/Feilke, Helmuth (Hg.): Schriftlicher Sprachgebrauch – Texte verfassen. (= Deutschunterricht in Theorie und Praxis 4). Baltmannsweiler: Schneider Verlag Hohengehren, S. 143–158.

479. WILDEMANN, Anja (2010): Verantwortungsvoller Rechtschreibunterricht. In: Grundschule Deutsch 27, S. 4–6.

480. SCHNEIDER, Wolfgang (2017): Lesen und Schreiben lernen. Wie erobern Kinder die Schriftsprache? Berlin: Springer.

481. WROBEL, Arne (2010): Schreiben – Textkompetenz und ihr Erwerb. In: Huneke, Hans-Werner/Frederking, Volker/Krommer, Axel/Maier, Christel (Hg.): Taschenbuch des Deutschunterrichts. Bd. 1. Sprach- und Mediendidaktik. Baltmannsweiler: Schneider Verlag Hohengehren, S. 202–217.

482. WYSS, Stefanie (2020): Linguistische Einheiten in Schreibbursts. Eine Untersuchung zu Schreibprozessen von Primarschüler*innen. Universität Basel: Dissertationsschrift.
https://edoc.unibas.ch/79087/ (Stand: 3.7.2024)

2.5 Sprache und Sprachgebrauch untersuchen

483. BIEN-MILLER, Lena/WILDEMANN, Anja (2023): Was Kinder über Sprache denken und wissen. Vorstellungen als Ausgangspunkt für grammatischen Wissensaufbau. In: Grundschule Deutsch 79, 3, S. 4–6.

484. ELSENSOHN-BÜCHELHOFER, Susanna (2019): Vermittlung der Nominalphrase mit System und Mustern. In: F&E Edition 25, S. 111–113.
https://www.ph-vorarlberg.ac.at/fileadmin/user_upload/RED_SOZ/PDFs/F_E_25/FE25_13_Elsensohn.pdf (Stand: 19.6.2024)

485. ELSNER, Daniela (2019): Unterstreiche die Wörter, die sagen, wie etwas ist – Bildungsgangfokussierende Analyse von Lern- und Übungsaufgaben zur Wortartenkategorisierung. In: F&E Edition 25, S. 71–82.
https://www.ph-vorarlberg.ac.at/fileadmin/user_upload/RED_SOZ/PDFs/F_E_25/FE25_07_Elsner.pdf (Stand: 19.6.2024)

486. GEIST, Barbara/BIRKMEYER, Ulrike (2023): Von der Sprachreflexion zum eigenen Hörspiel. Mit „Räuber Hotzenplotz" die Sprache erkunden und Texte schreiben. In: Grundschule Deutsch 79, 3, S. 33–37.

487. KNOPF, Julia/LUPTOWICZ, Corinna (2021): Sprache funktional und pragmatisch betrachten. In: Abraham, Ulf/Knopf, Julia (Hg.): Deutsch – Didaktik für die Grundschule. 7., aktual. Neuaufl. Berlin: Cornelsen, S. 146–157.

488. LUPTOWICZ, Corinna (2021): Das Konzept *KIDSS* – Handlungsorientierung im Bereich *Sprache und Sprachgebrauch untersuchen*. In: Abraham, Ulf/Knopf, Julia (Hg.): Deutsch – Didaktik für die Grundschule. 7., aktual. Neuaufl. Berlin: Cornelsen, S. 167–179.

489. LUPTOWICZ, Corinna (2021): Sprache und Sprachgebrauch untersuchen. Grundlagen und Perspektiven für einen kompetenzorientierten Unterricht. Bd. 1. Theorie. Herausgegeben von Abraham, Ulf/Knopf, Julia. (= Deutschdidaktik für die Primarstufe 5). Baltmannsweiler: Schneider Verlag Hohengehren.

490. LUPTOWICZ, Corinna (2021): Sprache und Sprachgebrauch untersuchen. Mit dem Konzept KIDSS kompetenzorientiert unterrichten. Bd. 2. Praxis. Herausgegeben von Abraham, Ulf/Knopf, Julia. (= Deutschdidaktik für die Primarstufe 6). Baltmannsweiler: Schneider Verlag Hohengehren.

491. WILDEMANN, Anja/BIEN-MILLER, Lena (2023): Strukturiertes Beobachten mentaler Konzepte. Die Vorstellungen und das Wissen sichtbar machen. In: Grundschule Deutsch 79, 3, S. 7–9.

2.6 Historische Zugänge

492. ADELUNG, Johann Christoph (1781): Deutsche Sprachlehre. Berlin: Voß und Sohn.

493. ADELUNG, Johann Christoph (1788): Vollständige Anweisung zur Deutschen Orthographie, nebst einem kleinen Wörterbuche für die Aussprache, Orthographie, Biegung und Ableitung. Leipzig: Weygand.

494. BECKER, Karl Ferdinand (1843): Ausführliche deutsche Grammatik als Kommentar der Schulgrammatik. 2. Bd. 2., neu bearb. Ausgabe. Frankfurt a. M.: Kettembeil.

495. DUDEN, Konrad (1872): Zur Orientierung über die orthographische Frage. In: Duden, Konrad (Hg.): Die deutsche Rechtschreibung. Abhandlung, Regeln und Wörterverzeichniß mit etymologischen Angaben. Leipzig: Teubner, S. 1–41.

496. DUDEN, Konrad (1902): Orthographisches Wörterbuch der deutschen Sprache. 7. Aufl. Leipzig/Wien: Bibliographisches Institut.

497. ERBEN, Johannes (1989): Die Entstehung unserer Schriftsprache und der Anteil deutscher Grammatiker am Normierungsprozeß. In: Sprachwissenschaft 14, S. 6–28.

498. FIRTH, John Rupert (1957): Sounds and prosodies. In: Firth, John Rupert (Hg.): Papers in linguistics 1934–1951. London: Oxford University Press, S. 121–138.

499. FRANGK, Fabian (1531): Orthographia Deutsch. Wittenberg.

500. FRANK, Horst Joachim (1973): Geschichte des Deutschunterrichts. Von den Anfängen bis 1945. München: Hanser.

501. FREYER, Hieronymus (1978): Anweisung zur Teutschen Orthographie. Halle 1722. Auszugsweise aus der 3. Aufl. von 1735. In: Garbe, Burckhard (Hg.): Die deutsche Rechtschreibung und ihre Reform 1722–1974. Tübingen: Niemeyer, S. 1–13.

502. GARBE, Burckhard (Hg.) (1978): Die deutsche Rechtschreibung und ihre Reform 1722–1974. Tübingen: Niemeyer.

503. GOETHE, Johann Wolfgang (2012): Briefe. Band 7 I. 18. September 1786 – 10. Juni 1788. Texte. Hg. v. Volker Giel unter Mitarbeit von Susanne Fenske und Yvonne Pietsch. Berlin: Akademieverlag. http://www.zeno.org/nid/20004860470 (Stand: 4.12.2024) (andere Ausgabe ders. Werke)

504. GOTTSCHED, Johann Christoph (1749): Grundlegung einer deutschen Sprachkunst : nach den Mustern der besten Schriftsteller des vorigen und jetzigen Jahrhunderts abgefasset. 2., verb. u. verm. Aufl. Leipzig: Breitkopf.

505. GOTTSCHED, Johann Christoph (1762): Vollständigere und Neuerläuterte Deutsche Sprachkunst : nach den Mustern der besten Schriftsteller des vorigen und itzigen Jahrhunderts abgefasset. Leipzig: Breitkopf.

506. GUEINTZ, Christian (1641): Deutscher Sprachlehre Entwurf. Köthen.

507. GÜNTERT, Hermann (1925): Grundfragen der Sprachwissenschaft. Leipzig: Quelle & Meyer.

508. ICKELSAMER, Valentin (1527): Die rechte weis aufs kürtzist lesen zu lernen. Herausgegeben von Karl Pohl (1971). Stuttgart: Klett.

509. ICKELSAMER, Valentin (1534/1971): Die rechte weis aufs kürtzist lesen zu lernen. Ain Teütsche Grammatica. Hg. v. Karl Pohl. Stuttgart: Klett.

510. JAKOB, Karlheinz (1999): Die Sprachnormierung Johann Christoph Gottscheds und ihre Durchsetzung in der zweiten Hälfte des 18. Jahrhunderts. In: Sprachwissenschaft 24, S. 1–46.

511. JANSEN-TANG, Doris (1987): Ziele und Möglichkeiten einer Reform der deutschen Orthographie seit 1901. Frankfurt a. M.: Lang.

512. JESPERSEN, Otto (1904): Lehrbuch der Phonetik. Berlin: Teubner.

513. Jordan, Peter (1533): Leyenschul. Mainz. Neuaufl. (1987): *Die „Leyenschul" von 1533*. Gießen: Institut für Heil- und Sonderpädagogik.

514. Klopstock, Friedrich Gottlieb (1978): Ueber di deuetsche Rechtschreibung. In: Garbe, Burckhard (Hg.): Die deutsche rechtschreibung und ihre reform. 1722–1974. Tübingen: Niemeyer, S. 26–38.
https://archive.org/details/diedeutscherecht0000unse_h7c6 (Stand: 04.12.2024)

515. Müller, Karin (1990): Schreibe, wie du sprichst! Eine Maxime im Spannungsfeld von Mündlichkeit und Schriftlichkeit. Eine historische und systematische Untersuchung. (= Theorie und Vermittlung der Sprache, 12). Frankfurt a. M.: Lang.

516. Nerius, Dieter (1989): Die Rolle J.Ch. Adelungs in der Geschichte der deutschen Orthographie. In: Sprachwissenschaft 14, S. 78–96.

517. Paul, Hermann (1909): Prinzipien der Sprachgeschichte. 4. Aufl. Halle: Niemeyer.

518. Penzl, Herbert (1977): Gottsched und die Aussprache des Deutschen im 18. Jahrhundert. In: Sprachwissenschaft 2, S. 61–92.

519. Quintilianus, Marcus Fabius (2015): Ausbildung des Redners. Zwölf Bücher. Lateinisch und Deutsch. Hg. und übers. v. Helmut Rahn. 6., unveränd. Aufl. Darmstadt: Wissenschaftliche Buchgesellschaft.

520. Raumer, Rudolf von (1855): Über deutsche Rechtschreibung. Wien: Gerold.
https://mdz-nbn-resolving.de/details:bsb10584206 (Stand: 4.12.2024)

521. Raumer, Rudolf von (1863): Ueber deutsche Rechtschreibung. Erste Abhandlung. Das Princip der deutschen Rechtschreibung. In: Raumer, Rudolf von (Hg.): Gesammelte sprachwissenschaftliche Schriften. Frankfurt a. M./Erlangen: Heyder & Zimmer, S. 108–142.
https://mdz-nbn-resolving.de/details:bsb10584210 (Stand: 4.12.2024)

522. Scheuringer, Hermann (1996): Geschichte der deutschen Rechtschreibung. Ein Überblick. Mit einer Einführung zur Neuregelung ab 1998. Wien: Edition Praesens.

523. Schottel, Justus Georg (1641): Teutsche Sprachkunst. Braunschweig.

524. Schottel, Justus Georg (1663): Ausführliche Arbeit von der Teutschen HaubtSprache. Braunschweig: Zilliger.

525. Weichmann, Christian Friedrich (1721): Poesie der Nieder-Sachsen. Hamburg.

526. Weinhold, Karl (1852): Ueber deutsche Rechtschreibung. Wien: Gerold.
https://mdz-nbn-resolving.de/details:bsb10584538 (Stand: 4.12.2024)

527. WEISSENBURG, Otfried von (1987): Liutbertbrief, um 870. Widmung an Erzbischof Liutbert von Mainz. In: Evangelienbuch. Auswahl, ahd./nhd., herausgegeben, übersetzt und kommentiert von Gisela Vollmann-Profe. Stuttgart: Reclam, S. 16–27.

3. Das Aufgabenspektrum für Lehrkräfte
3.1 Grundlagen
3.1.1 Grundschuldidaktik Deutsch

528. ABRAHAM, Ulf/KNOPF, Julia (Hg.) (2021): Deutsch. Didaktik für die Grundschule. 7. Aufl. Berlin: Cornelsen.

529. ACHERMANN, Edwin/RUTISHAUSER, Franziska (2016): Mit Lernlandkarten unterrichten und lernen. Grundlagen für Eingangsstufe und Primarschule. Bern: Schulverlag Plus.

530. ANDRESEN, Helga/LANG, Barbara/HEERING, Peter/SCHLIESSMANN, Fritz (2017): Zugänge zu sprachlichem und naturwissenschaftlichem Handeln von Vorschulkindern in didaktischer Perspektive – Theoretische Überlegungen und Erprobung von Forschungsinstrumenten. In: Didaktik Deutsch 22, 43, S. 57–77.
https://doi.org/10.25656/01:16151 (Stand: 3.7.2024)

531. ASEN-MOLZ, Katharina (2022): Gut erklären können – die Superpower von Lehrkräften. In: Die Grundschule 54, 3, S. 8–10.

532. BREDEL, Ursula/FUHRHOP, Nanna/NOACK, Christina (2017): Wie Kinder lesen und schreiben lernen. 2., überarb. Aufl. Tübingen: Narr.
[Tags: Schreiben]

533. BREMERICH-VOS, Albert/GRANZER, Dietlinde/BEHRENS, Ulrike/KÖLLER, Olaf (Hg.) (2018): Bildungsstandards für die Grundschule. Deutsch konkret. Aufgabenbeispiele, Unterrichtsanregungen, Fortbildungsideen. 6. Aufl. Berlin: Cornelsen.

534. DONIE, Christian/FOERSTER, Frank/OBERMAYR, Marlene/DECKWERTH, Anne/KAMMERMEYER, Gisela/LENSKE, Gerline/LEUCHTER, Miriam/WILDEMANN, Anja (Hg.): Grundschulpädagogik zwischen Wissenschaft und Transfer. (= Jahrbuch Grundschulforschung 23). Wiesbaden: Springer VS.
https://doi.org/10.1007/978-3-658-26231-0 (Stand: 3.7.2024)

535. KUTZELMANN, Sabine/MASSLER, Ute (Hg.) (2018): Mehrsprachige Leseförderung: Grundlagen und Konzepte. Tübingen: Narr.

536. MERKENS, Hans/BELLIN, Nicole (Hg.) (2012): Die Grundschule entwickelt sich. Münster: Waxmann.

537. MILLER, Susanne/HOLLER-NOWITZKI, Birgit/KOTTMANN, Brigitte/LESEMANN, Svenja/LETMATHE-HENKEL, Birte/MEYER, Nikolas/SCHROEDER, René/VELTEN, Katrin (Hg.) (2018): Profession und Disziplin. Grundschul-

pädagogik im Diskurs. (= Jahrbuch Grundschulforschung 22). Wiesbaden: Springer VS.
https://doi.org/10.1007/978-3-658-13502-7 (Stand: 3.7.2024)

538. FRICK, Pia (2019): Die Primarstufendidaktik Deutsch – eine Baustelle? In: F&E Edition 25, S. 7–9.
https://www.ph-vorarlberg.ac.at/fileadmin/user_upload/RED_SOZ/PDFs/F_E_25/FE25_01_Frick.pdf (Stand: 19.6.2024)

539. GIESE, Heinz W./OSBURG, Claudia/WEINHOLD, Swantje (2006): Sprachunterricht in der Primarstufe. In: Bredel, Ursula/Günther, Hartmut/Klotz, Peter/Ossner, Jakob/Siebert-Ott, Gesa (Hg.): Didaktik der deutschen Sprache. Ein Handbuch. 1. Teilband. 2., durchges. Aufl. Paderborn u. a.: Schöningh, S. 684–697.

540. HOCHSTADT, Christiane/KRAFFT, Andreas/OLSEN, Ralph (2023): Deutschdidaktik. Konzeptionen für die Praxis. 3., vollst überarb. u. erw. Aufl. Tübingen: utb.

541. HÜTTIS-GRAFF, Petra (2011): Deutschdidaktik in der Grundschule. In: Köhnen, Ralph (Hg.): Einführung in die Deutschdidaktik. Stuttgart: Metzler, S. 37–86.
https://doi.org/10.1007/978-3-476-00365-2_2 (Stand: 3.7.2024)

542. KEPSER, Matthis (2013): Deutschdidaktik als eingreifende Kulturwissenschaft. Ein Positionierungsversuch im wissenschaftlichen Feld. In: Didaktik Deutsch 18, 34, S. 52–68.
https://doi.org/10.25656/01:21182 (Stand: 3.7.2024)

543. KÖHNEN, Ralph (Hg.) (2011): Einführung in die Deutschdidaktik. Stuttgart: Metzler.
https://doi.org/10.1007/978-3-476-00365-2 (Stand: 3.7.2024)

544. MARX, Peter (2007): Lese- und Rechtschreiberwerb. Paderborn: Schöningh.

545. MÜLLER, Charlotte/AMBERG, Lucia/DÜTSCH, Thomas/HILDEBRANDT, Elke/VOGT, Franziska/WANNACK, Evelyne (Hg.) (2015): Perspektiven und Potentiale in der Schuleingangsstufe. Münster/New York: Waxmann.

546. POMPE, Anja/SPINNER, Kaspar H./OSSNER, Jakob (2020): Deutschdidaktik Grundschule. Eine Einführung. 3., durchges. u. erw. Aufl. (= Grundlagen der Germanistik 61). Berlin: ESV.

547. SCHNEIDER, Wolfgang (2017): Lesen und Schreiben lernen. Wie erobern Kinder die Schriftsprache? Berlin: Springer.

548. SCHRÜNDER-LENZEN, Agi (2009): Schriftspracherwerb und Unterricht. Bausteine professionellen Handlungswissens. 3. Aufl. Wiesbaden: Springer VS.
https://doi.org/10.1007/978-3-531-91817-4 (Stand: 3.7.2024)

549. SCHRÜNDER-LENZEN, Agi (2013): Schriftspracherwerb. 4. Aufl. Wiesbaden: Springer VS.

550. SPINNER, Kaspar H. (1994): Neue und alte Bilder von Lernenden. Deutschdidaktik im Zeichen der kognitiven Wende. In: Beiträge zur Lehrerbildung 12, 2, S. 146–158.
https://doi.org/10.25656/01:13280 (Stand: 3.7.2024)

551. STANAT, Petra/SCHIPOLOWSKI, Stefan/RJOSK, Carmen/WEIRICH, Sebastian/HAAG, Nicole (Hg.) (2017): IQB-Bildungstrend 2016. Kompetenzen in den Fächern Deutsch und Mathematik am Ende der 4. Jahrgangsstufe im zweiten Ländervergleich. Münster/New York: Waxmann.

552. VOGT, Franziska/LEUCHTER, Miriam/TETTENBORN, Annette/HOTTINGER, Ursula/JÄGER, Marianna/WANNACK, Evelyne (Hg.) (2011): Entwicklung und Lernen junger Kinder. Münster u. a.: Waxmann.

553. WILDEMANN, Anja/FORNOL, Sarah (2017): Sprachsensibel unterrichten in der Grundschule. Anregungen für den Deutsch-, Mathematik- und Sachunterricht. 2. Aufl. Seelze: Klett/Kallmeyer.

554. WILDEMANN, Anja/VACH, Karin (2022): Deutsch unterrichten in der Grundschule. Kompetenzen fördern, Lernumgebungen gestalten. 6. Aufl. Seelze: Klett/Kallmeyer.

555. WIPRÄCHTIGER-GEPPERT, Maja/STAHNS, Ruven/RIEGLER, Susanne (2021): Fachspezifität von Unterrichtsqualität in der Deutschdidaktik. In: Unterrichtswissenschaft 49, S. 203–209.
https://doi.org/10.1007/s42010-021-00109-8 (Stand: 3.7.2024)

556. WITTIG, Julia/WEIRICH, Sebastian (2017): Mittelwerte und Streuungen der im Fach Deutsch erreichten Kompetenzen. In: Stanat, Petra/Schipolowski, Stefan/Rjosk, Carmen/Weirich, Sebastian/Haag, Nicole (Hg.): IQB-Bildungstrend 2016. Kompetenzen in den Fächern Deutsch und Mathematik am Ende der 4. Jahrgangsstufe im zweiten Ländervergleich. Münster: Waxmann, S. 153–167.

3.1.2 Linguistik

3.1.2.1 Einführungen

557. BUSCH, Albert/STENSCHKE, Oliver (2018): Germanistische Linguistik. Eine Einführung. 4., aktual. Aufl. Tübingen: Narr.

558. HOFFMANN, Ludger (Hg.) (2019): Sprachwissenschaft. Ein Reader. 4., aktual. u. erw. Aufl. Berlin/Boston: De Gruyter.

559. HOFFMANN, Lea/FLADUNG, Ilka (Hg.) (2022): Vergessene Klassiker der Sprachwissenschaft? Zur Einführung und Erinnerung. Weilerswist-Metternich: Velbrück Wissenschaft.

560. LINKE, Angelika/NUSSBAUMER, Markus/PORTMANN, Paul R. (2004): Studienbuch Linguistik. Ergänzt um ein Kapitel „Phonetik/Phonologie" von Urs Willi. 5., erw. Auf. Berlin/Boston: Niemeyer.

561. MEIBAUER, Jörg/DEMSKE, Ulrike/GEILFUSS-WOLFGANG, Jochen/PAFEL, Jürgen/ROTHWEILER, Monika/STEINBACH, Markus (2015): Einführung in die germanistische Linguistik. Stuttgart: Metzler.
https://doi.org/10.1007/978-3-476-05424-1 (Stand: 3.7.2024)

562. MEIER-VIERACKER, Simon (2024): Sprache ist, was du draus machst! Wie wir Deutsch immer wieder neu erfinden. München: Droemer.

563. MÜLLER, Horst (Hg.) (2009): Arbeitsbuch Linguistik. Eine Einführung in die Sprachwissenschaft. 2., überarb. u. aktual. Aufl. Paderborn: Schöningh/Brill.

564. KESSEL, Katja/REIMANN, Sandra (2010): Basiswissen deutsche Gegenwartssprache: Eine Einführung. 3., überarb. Aufl. Tübingen: Francke.

565. KLABUNDE, Ralf/MIHATSCH, Wiltrud (Hg.) (2023): Linguistik. Eine Einführung (nicht nur) für Germanisten, Romanisten und Anglisten. 2., aktual. u. erw. Aufl. Berlin: Springer.

566. LINDNER, Katrin (2014): Einführung in die germanistische Linguistik. (= C.H. Beck Studium). München: Beck.

567. SCHÄFER, Roland (2018): Einführung in die grammatische Beschreibung des Deutschen. (=Textbooks in Language Sciences 2). 3., überarb. u. erw. Aufl. Berlin: Language Science Press.
https://doi.org/10.5281/zenodo.1421660 (Stand: 3.7.2024)

568. SCHLOBINSKI, Peter (2014): Grundfragen der Sprachwissenschaft. Eine Einführung in die Welt der Sprache(n). Göttingen/Bristol: Vandenhoeck & Ruprecht.

569. STEINBACH, Markus/ALBERT, Ruth/GIRNTH, Heiko/HOHENBERGER, Annette/KÜMMERLING-MEIBAUER, Bettina/MEIBAUER, Jörg/ROTHWEILER, Monika/SCHWARZ-FRIESEL, Monika (2007): Schnittstellen der germanistischen Linguistik. Stuttgart: Metzler.

3.1.2.2 Phonetik und Phonologie

570. BECKER, Thomas (2012): Einführung in die Phonetik und Phonologie des Deutschen. Darmstadt: WBG.

571. BUCHMANN, Franziska (2015): Die Wortzeichen im Deutschen. Heidelberg: Winter.

572. HALL, Alan T. (2011): Phonologie: Eine Einführung. 2., überarb. Aufl. Berlin/New York: De Gruyter.

573. KLEBER, Felicitas (2023): Phonetik und Phonologie. Ein Lehr- und Arbeitsbuch. Tübingen: Narr.
574. POMPINO-MARSCHALL, Bernd (2009): Einführung in die Phonetik. 3., durchg. Aufl. Berlin/New York: De Gruyter.
575. RAMERS, Karl-Heinz (2001): Einführung in die Phonologie. 2. Aufl. Stuttgart: UTB.
576. RUES, Beate/REDECKER, Beate/KOCH, Evelyn/WALLRAFF, Uta/SIMPSON, Adrian P. (2013): Phonetische Transkription des Deutschen. Ein Arbeitsbuch. 3. Aufl. Tübingen: Narr.
577. STAFFELDT, Sven (2010): Einführung in die Phonetik, Phonologie und Graphematik des Deutschen. Ein Leitfaden für den akademischen Unterricht. Tübingen: Stauffenburg.
578. TERNES, Elmar (2012): Einführung in die Phonologie. 3. Aufl. Darmstadt: Wissenschaftliche Buchgesellschaft.

3.1.2.3 Orthographie und Graphematik

579. AUGST, Gerhard/BLÜML, Karl/NERIUS, Dieter/SITTA, Horst (Hg.) (1997): Zur Neuregelung der deutschen Orthographie. Begründung und Kritik. (= Germanistische Linguistik 179). Tübingen: Niemeyer.
580. BREDEL, Ursula (2006): Orthographische Zweifelsfälle. In: Praxis Deutsch 198, S. 6–15.
581. BREDEL, Ursula (2011): Interpunktion. (= Kurze Einführungen in die germanistische Linguistik 11). Heidelberg: Winter.
582. DÜRSCHEID, Christa (2016): Einführung in die Schriftlinguistik. 5., aktual. u. korr. Aufl. Göttingen: Vandenhoeck & Ruprecht.
583. EISENBERG, Peter (1995): Die Silbe. In: Drosdowski, Günther (Hg.): Duden. Grammatik der deutschen Gegenwartssprache. 5., völlig neu bearb. u. erw. Aufl. Mannheim: Dudenverlag, S. 37–46.
584. EISENBERG, PETER (1996): Die Grapheme des Deutschen und ihre Beziehungen zu den Phonemen. In: Hoffmann, Ludger (Hg.): Sprachwissenschaft: Ein Reader. Berlin/Boston: De Gruyter, S. 346–360.
585. EISENBERG, Peter (2017): Deutsche Orthografie. Regelwerk und Kommentar. Verfasst im Auftrag der Deutschen Akademie für Sprache und Dichtung. Berlin/Boston: De Gruyter.
https://doi.org/10.1515/9783110525229 (Stand: 3.7.2024)
586. FUHRHOP, Nanna (2015): Orthografie. 2., aktual. Aufl. Heidelberg: Winter.

587. FUHRHOP, Nanna/PETERS, Jörg (2013): Einführung in die Phonologie und Graphematik. Stuttgart: Metzler. [Tags: Phonologie]

588. MAAS, Utz (1992): Grundzüge der deutschen Orthographie. Tübingen: Niemeyer.
https://doi.org/10.1515/9783111376974 (Stand: 3.7.2024)

589. NERIUS, Dieter (Hg.) (2007): Deutsche Orthographie. 4., neu bearb. Aufl. Hildesheim/Zürich/New York: Olms.

590. RAMERS, Karl Heinz (1999): Vokalquantität als orthographisches Problem. Zur Funktion der Doppelkonsonanzschreibung im Deutschen. In: Linguistische Berichte 177, S. 52–64.

591. GESCHÄFTSSTELLE DES RATS FÜR DEUTSCHE RECHTSCHREIBUNG (Hg.) (2024): Amtliches Regelwerk der deutschen Rechtschreibung. Regeln und Wörterverzeichnis. Mannheim: IDS-Verlag.
https://www.rechtschreibrat.com/DOX/rfdr_Amtliches-Regelwerk-2024_Information.pdf (Stand: 19.6.2024)

3.1.2.4 Morphologie und Syntax

592. ALTMANN, Hans (2011): Prüfungswissen Wortbildung. Göttingen: Vandenhoeck & Ruprecht.

593. BREDEL, Ursula (2011): Interpunktion. (= Kurze Einführungen in die germanistische Linguistik 11). Heidelberg: Winter.

594. DÜRSCHEID, Christa (2012): Syntax: Grundlagen und Theorien. 6., aktual. Aufl. Göttingen: Vandenhoeck/Bristol, CT & Ruprecht.

595. EISENBERG, Peter (2013): Schulgrammatik – Sprache für Schüler, Sprachwissen für Lehrer. In: Köpcke, Klaus-Michael/Ziegler, Arne (Hg.): Schulgrammatik und Sprachunterricht im Wandel. Berlin: De Gruyter, S. 7–13.

596. ELSEN, Hilke (2011): Grundzüge der Morphologie des Deutschen. Berlin/New York: De Gruyter.

597. ENGEL, Ulrich (2009): Syntax der deutschen Gegenwartssprache. (= Grundlagen der Germanistik 22). 4. Aufl. Berlin: ESV.

598. FABRICIUS-HANSEN, Cathrine/GALLMANN, Peter/EISENBERG, Peter/FIEHLER, Reinhard/PETERS, Jörg (2009): Duden 04. Die Grammatik. 8., überarb. Aufl. Mannheim: Bibliographisches Institut.

599. FLEISCHER, Wolfgang/BARZ, Irmhild (1995): Wortbildung der deutschen Gegenwartssprache. 3. Aufl. Tübingen: Niemeyer.

600. GRANZOW-EMDEN, Matthias (2019): Deutsche Grammatik verstehen und unterrichten. 3. Aufl. Tübingen: Narr.

601. HENTSCHEL, Elke/VOGEL, Petra Maria (Hg.) (2009): Deutsche Morphologie. Berlin/New York: De Gruyter.
602. IMO, Wolfgang (2016): Grammatik: Eine Einführung. Stuttgart: Metzler.
603. KÖPCKE, Klaus-Michael/ZIEGLER, Arne (Hg.) (2011): Grammatik – lehren, lernen, verstehen. Zugänge zur Grammatik des Gegenwartsdeutschen. Berlin: De Gruyter.
604. MENZEL, Wolfgang (2021): Grammatikwerkstatt – Theorie und Praxis eines prozessorientierten Grammatikunterrichts für die Primar- und Sekundarstufe. 7., unveränd. Aufl. Hannover: Friedrich.
605. MUSAN, Renate (2009): Satzgliedanalyse. Heidelberg: Winter.
606. PITTNER, Karin/BERMAN, Judith (2021): Deutsche Syntax. Ein Arbeitsbuch. 7., überarb. u. erw. Aufl. Tübingen: Narr.
607. SCHÄFER, Roland/SAYATZ, Ulrike (2017): Wieviel Grammatik braucht das Germanistikstudium? In: Zeitschrift für germanistische Linguistik 42, 2, S. 221–255.
608. STAFFELDT, Sven/HAGEMANN, Jörg (Hg.) (2018): Syntaxtheorien. Analysen im Vergleich. Tübingen: Stauffenburg Verlag.
609. WÖLLSTEIN, Angelika (2010): Topologisches Satzmodell. Heidelberg: Winter.

3.1.2.5 Semantik und Pragmatik

610. EFING, Christian/ROELCK, Thorsten (2021): Semantik für Lehrkräfte. Linguistische Grundlagen und didaktische Impulse. Tübingen: Narr.
611. ERHARDT, Claus/HERINGER, Hans-Jürgen (2011): Pragmatik. Stuttgart: UTB.
612. FINKBEINER, Rita (2015): Einführung in die Pragmatik. Darmstadt: WBG.
613. MEIBAUER, Jörg (2001): Pragmatik: Eine Einführung. Tübingen: Stauffenburg.
614. PAFEL, Jürgen/REICH, Ingo (2016): Einführung in die Semantik. Grundlagen – Analysen – Theorien. Stuttgart: Metzler.
615. SCHWARZ-FRIESEL, Monika/CHUR, Jeannette (2014): Semantik. Ein Arbeitsbuch. 6., grundl. überarb. u. erw. Aufl. Tübingen: Narr.
616. STAFFELDT, Sven/HAGEMANN, Jörg (Hg.) (2017): Semantiktheorien. Lexikalische Analysen im Vergleich. Tübingen: Stauffenburg.

617. STAFFELDT, Sven (2009): Einführung in die Sprechakttheorie. Ein Leitfaden für den akademischen Unterricht. In: Zeitschrift für Rezensionen zur germanischen Sprachwissenschaft 3, 11. S. 114–120.
618. STAFFELDT, Sven/HAGEMANN, Jörg (Hg.) (2014): Pragmatiktheorien. Lexikalische Analysen im Vergleich. Tübingen: Stauffenburg.

3.1.2.6 Ausgewählte angewandte Linguistik für die Grundschule

619. ANDROUTSOPOULOS, Jannis (2022): Medienlinguistik. Sprachwissenschaftliche Zugänge zur Medienanalyse. Tübingen: Narr.
620. DEPPERMANN, Arnulf (2008): Gespräche analysieren: Eine Einführung. Wiesbaden: Springer.
621. JANICH, Nina (Hg.) (2019): Textlinguistik. 15 Einführungen und eine Diskussion. 2., korr., aktual. u. erw. Aufl. Tübingen: Narr.
622. KOCH, Nikolas/RIEHL, Claudia Maria (2024): Migrationslinguistik. Eine Einführung. Tübingen: Narr.
623. MARX, Konstanze (2017): Diskursphänomen Cybermobbing. Ein internetlinguistischer Zugang zu [digitaler] Gewalt. (= Diskursmuster – Discourse Patterns 17). Berlin/Boston: De Gruyter.
624. MARX, Konstanze/WEIDACHER, Georg (2020): Internetlinguistik. Ein Lehr- und Arbeitsbuch. 2., aktual. u. durchges. Aufl. Tübingen: Narr.
625. MÜLLER, Natascha/KUPISCH, Tanja/SCHMITZ, Katrin/CANTONE, Katja F./ARNAUS GIL, Laia (2023): Einführung in die Mehrsprachigkeitsforschung. Deutsch – Französisch – Italienisch – Spanisch. 4., vollst. überarb. u. erweit. Aufl. Tübingen: Narr.
626. SCHWARZ-FRIESEL, Monika/CONSTEN, Manfred (2014): Einführung in die Textlinguistik. Darmstadt: WBG.

3.2 Deutsch mit (digitalen) Medien unterrichten

627. ABRAHAM, Ulf/KNOPF, Julia (Hg.) (2020): Deutsch digital. Bd. 1. Theorie. Vollst. überarb. u. erw. 2. Aufl. (= Deutschdidaktik für die Primarstufe 3). Baltmannsweiler: Schneider Verlag Hohengehren.
628. ABRAHAM, Ulf/KNOPF, Julia (Hg.) (2020): Deutsch digital. Bd. 2. Praxis. Vollst. überarb. u. erw. 2. Aufl. (= Deutschdidaktik für die Primarstufe 4). Baltmannsweiler: Schneider Verlag Hohengehren.
629. ASEN-MOLZ, Katharina (2023): Wie funktioniert YouTube? In: Die Grundschule 55, 4, S. 14–18.

630. BEISSWENGER, Michael (2022): Digitalität und Sprachreflexion. In: Knopf, Julia/Mergen, Torsten/Müller, Ann-Kristin (Hg.): Mitteilungen des Deutschen Germanistenverbandes. Digitalität und Deutschunterricht. Göttingen: V&R unipress, S. 441–455.

631. BETSCHELT, Markus/BETTNER, Marco/DÜRINGER, Alina/DÜRINGER, Axel/PETERSEN, Silke/SEIFERT, Hardy/SPECHT, Jörn E. von (Hg.) (2021): Digitaler Unterricht in der Grundschule. Einfache Umsetzung digital gestützter Lernmethoden mit Praxisbeispielen. Hamburg: Persen.

632. BRANDT, Birgit/DAUSEND, Henriette (Hg.) (2018): Digitales Lernen in der Grundschule. Fachliche Lernprozesse anregen. Münster/New York: Waxmann.

633. BRANDT, Birgit/BRÖLL, Leena/DAUSEND, Henriette (Hg.) (2020): Digitales Lernen in der Grundschule II. Aktuelle Trends in Forschung und Praxis. Münster/New York: Waxmann.

634. BRANDT, Birgit/BRÖLL, Leena/DAUSEND, Henriette (Hg.) (2022): Digitales Lernen in der Grundschule III. Fachdidaktiken in der Diskussion. Münster/New York: Waxmann.

635. BRENDEL-PERPINA, Ina (2017): Aufwachsen mit Medien – Medienwelten heute. In: kjl&m 17, 2, S. 3–13.

636. CLAHES, Lydia (2022): Kamerascheu? – So gestalten Sie Ihren Videoauftritt. In: Die Grundschule 54, 3, S. 36–39.

637. DAUSEND, Henriette (Hg.) (2019): Digitale Medien im Grundschulunterricht gezielt einsetzen. Spielerisches Lernen mit Apps & Co. Fertige Stundenentwürfe zu Mathe, Deutsch, Englisch, Sachunterricht, Sport, Kunst und Ethik – so einfach geht's! 2. Aufl. Berlin: Cornelsen.

638. ERIKSSON, Brigit/LUGINBÜHL, Martin (2021): Methodenübersicht und Medieneinsatz im Deutschunterricht. In: Abraham, Ulf/Knopf, Julia (Hg.): Deutsch – Didaktik für die Grundschule. 7., aktual. Neuaufl. Berlin: Cornelsen, S. 204–215.

639. FREDERKING, Volker/LADEL, Silke (Hg.) (2021): Grundschule digital. Innovative Konzepte für die Fächer Deutsch und Mathematik. Münster/New York: Waxmann.

640. FERENCIK-LEHMKUHL, Daria/Huynh, Ilham/Laubmeister, Clara/Lee, Curie/Melzer, Conny/Schwank, Inge/Weck, Hannah/Ziemen, Kerstin (Hg.) (2023): Inklusion digital! Chancen und Herausforderungen inklusiver Bildung im Kontext von Digitalisierung. Bad Heilbrunn: Klinkhardt. https://doi.org/10.25656/01:26285 (Stand: 1.7.2024)

641. HAGELGANS, Heike/Simon, Jaqueline (2023): „Ein Hubschrauberflug auf dem Mars" – „Lernwerkstatt unterwegs". Unterstützung des Lernens mit

und über digitale(n) Medien in einer Grundschule während der Pandemie. In: Kihm, Pascal/Kelkel, Mareike/Peschel, Markus (Hg.): Interaktionen und Kommunikationen in Hochschullernwerkstätten. Theorien, Praktiken, Utopien. Bad Heilbrunn: Klinkhardt, S. 232–239.
https://doi.org/10.35468/6009 (Stand: 1.7.2024)

642. HALTENBERGER, Melanie/ASEN-MOLZ, Katharina (2022): Gewinnbringender Einsatz von Erklärvideos im Unterricht. In: Die Grundschule 54, 3, S. 16–22.

643. HALTENBERGER, Melanie/LENZGEIGER, Barbara/FUCHS, Elisabeth (2022): Hochwertige Erklärvideos erkennen. In: Die Grundschule 54, 3, S. 12–14.

644. IRION, Thomas/Böttinger, Traugott/Kammerl, Rudolf (Hg.) (2023): Professionalisierung für Digitale Bildung im Grundschulalter. Ergebnisse des Forschungsprojekts P³DiG. Münster/New York: Waxmann.
https://doi.org/10.25656/01:26208 (Stand: 1.7.2024)

645. IRION, Thomas/Peschel, Markus/Schmeinck, Daniela (Hg.) (2023): Grundschule und Digitalität. Grundlagen, Herausforderungen, Praxisbeispiele. (= Beiträge zur Reform der Grundschule 155). Frankfurt a. M.: Grundschulverband.
https://doi.org/10.25656/01:25820 (Stand: 1.7.2024)

646. KERNBACH, Julia/BLECKMANN, Paula (2023): Digitale Kompetenzen – analog vermittelt. In: Die Grundschule 55, 4, S. 28–30.

647. KNOPF, Julia/ECKLE, Jannick (2021): Digitale Medien im Deutschunterricht nutzen. In: Abraham, Ulf/Knopf, Julia (Hg.): Deutsch – Didaktik für die Grundschule. 7., aktual. Neuaufl. Berlin: Cornelsen, S. 253–258.
[Tags: Medien]

648. KRICHEL, Anne/STAIGER, Michael (2019): Digitales Erstlesen. Zum didaktischen Potenzial von Spiel- und Lern-Apps. In: kjl&m 19, 4, S. 29–34.
[Tags: Spiele]

649. LICHTINGER, Ulrike (2020): Positive Schulentwicklung goes digital. In: F&E Edition, 26, S. 97–103.
https://www.ph-vorarlberg.ac.at/fileadmin/user_upload/RED_SOZ/PDFs/F_E_26/FE26_09_Lichtinger.pdf (Stand: 12.6.2024)

650. LOHMANN, Corinna/TRAPP, Ricarda/MARCI-BOEHNCKE, Gudrun (2017): Welche Potenziale bieten Tablets zur Leseförderung? Ein Projekt zur Verzahnung von Lehrerausbildung und Schulentwicklung in der Grundschule. In: Peschel, Markus/Carle, Ursula (Hg.): Forschung für die Praxis. (= Beiträge zur Reform der Grundschule 143). Frankfurt a. M.: Grundschulverband, S. 30–43.

651. LUPTOWICZ, Corinna (2022): Zur Bedeutung von Conceptboard, Task-Cards & Co. im Konzept KIDSS – Sprache und Sprachgebrauch unter dem Paradigma der Digitalität. In: Knopf, Julia/Mergen, Torsten/Müller, Ann-Kristin (Hg.): Mitteilungen des Deutschen Germanistenverbandes. Digitalität und Deutschunterricht. Göttingen: V&R unipress, S. 464–472.

652. MAHLOW, Cerstin (2023): Large language models and artificial intelligence as tools for teaching and learning writing In: Osnabrücker Beiträge zur Sprachtheorie 101, S. 175–196.
https://doi.org/10.17192/obst.2023.101.8607 (Stand: 8.7.2024)

653. MARCI-BOEHNCKE, Gudrun/EDER, Jasmin (2023): Inklusive digitale Medienbildung in der Grundschule. Schwerpunkt Deutsch. (= MedienBildung-Forschung 5). München: kopaed. [Tags: Inklusion]

654. MERTENS, Claudia/QUENZER-ALFRED, Carolin/KAMIN, Anna-Maria/HOMRIGHAUSEN, Tim/NIERMEIER, Tina/MAYS, Daniel (2022): Empirischer Forschungsstand zu digitalen Medien im Schulunterricht in inklusiven und sonderpädagogischen Kontexten. Eine systematische Übersichtsarbeit. In: Empirische Sonderpädagogik 14, 1, S. 26–46.
https://doi.org/10.25656/01:25529 (Stand: 1.7.2024)

655. NEFF, Tina (2023): Inklusiver Rechtschreibunterricht mit digitalen Medien. Digitale Unterstützung beim Orthographieerwerb in einem von Dialekt und Mehrsprachigkeit geprägten Umfeld. In: Osnabrücker Beiträge zur Sprachtheorie 101, S. 151–174.
https://doi.org/10.17192/obst.2023.101.8606 (Stand: 8.7.2024)

656. NÜSSE, Sebastian (2022): Erklärvideos. Praxistipps. In: Die Grundschule 54, 3, S. 40–48.

657. RAMSEGER, Jörg (2023): So viele Daten und so wenig Orientierung. Eine kritisch-konstruktive Sichtung aktueller grundschulpädagogischer Forschungsbeiträge. In: Haider, Michael/Böhme, Richard/Gebauer, Susanne/Gößinger, Christian/Munser-Kiefer, Meike/Rank, Astrid (Hg.): Nachhaltige Bildung in der Grundschule. (= Jahrbuch Grundschulforschung 27). Bad Heilbrunn: Klinkhardt, S. 43–53.
https://doi.org/10.35468/6035 (Stand: 1.7.2024)

658. SCHARPF, Stephanie/HAIDER, Johannes/QUANTE, Alina (2022): In 10 Schritten zu einem guten Erklärvideo. In: Die Grundschule 54, 3, S. 26–31.

659. SCHEDLER, Marlis (2020): Mit Gamification spielend die Schulen verändern. Gamification als Zaubermittel für motivierendes Lernen? In: F&E Edition, 26, S. 25–37.
https://www.ph-vorarlberg.ac.at/fileadmin/user_upload/RED_SOZ/PDFs/F_E_26/FE26_03_Schedler.pdf (Stand: 4.12.2024)

660. SCHROFFENEGGER, Thomas (2020): Didaktische Überlegungen zur Nutzung von Videokonferenzsystemen in der Zeit des Corona-Shutdowns. In: F&E Edition, 26, S. 39–52.
https://www.ph-vorarlberg.ac.at/fileadmin/user_upload/RED_SOZ/PDFs/F_E_26/FE26_04_Schroffenegger.pdf (Stand: 12.6.2024)

661. SPINNER, Kaspar H. (2005): Der standardisierte Schüler. Rede bei der Entgegennahme des Erhard-Friedrich-Preises für Deutschdidaktik am 27. Sept. 2004. In: Didaktik Deutsch 10, 18, S. 4–13.
https://www.didaktik-deutsch.de/index.php/dideu/article/download/223/210 (Stand: 1.7.2024)

662. STAIGER, Michael (2007): Medienbegriffe, Mediendiskurse, Medienkonzepte. Bausteine einer Deutschdidaktik als Medienkulturdidaktik. Baltmannsweiler: Schneider Verlag Hohengehren.

663. VACH, Karin (2005): Medienzentrierter Deutschunterricht in der Grundschule. Konzeptualisierung, unterrichtliche Erprobung und Evaluation. Berlin: Frank & Timme.

664. WANZEK, Alina (2017): Spielend lesen oder lesend spielen? Apps für Kinder zwischen Narration und Interaktivität. In: kjl&m 17, 2, S. 22–26.

665. WENZEL, Mirjam (2022): Was sind qualitätsvolle Erklärvideos? – Eine Zusammenfassung. In: Die Grundschule 54, 3, S. 15.

666. WENZEL, Mirjam (2023): Digitale Bildung in der Grundschule – mehr als sicheres Surfen. In: Die Grundschule 55, 4, S. 7–12.

667. ZIELINSKI, Sascha (2022): Rechtschreib-Apps als Teil eines binnendifferenzierten Unterrichts in der (inklusiven) Grundschule. In: Knopf, Julia/Mergen, Torsten/Müller, Ann-Kristin (Hg.): Mitteilungen des Deutschen Germanistenverbandes. Digitalität und Deutschunterricht. Göttingen: V&R unipress, S. 456–463.

3.3 Vielfalt im Klassenzimmer

668. BERTELSMANN STIFTUNG/INSTITUT FÜR SCHULENTWICKLUNGSFORSCHUNG DORTMUND/INSTITUT FÜR ERZIEHUNGSWISSENSCHAFT JENA (Hg.) (2017): Chancenspiegel – eine Zwischenbilanz. Zur Chancengerechtigkeit und Leistungsfähigkeit der deutschen Schulsysteme seit 2002. Gütersloh: Bertelsmann Stiftung.
https://www.bertelsmann-stiftung.de/de/publikationen/publikation/did/chancenspiegel-eine-zwischenbilanz-2 (Stand: 12.6.2024)

669. DIEHM, Isabell (2020): Differenz – die pädagogische Herausforderung in der Schule für alle Kinder. In: Skorsetz, Nina/Bonanati, Marina/Kucharz, Diemut (Hg.): Diversität und soziale Ungleichheit. Herausforderungen

an die Integrationsleistung der Grundschule. (= Jahrbuch Grundschulforschung 24). Wiesbaden: Springer, S. 9–19.
https://doi.org/10.1007/978-3-658-27529-7 (Stand: 8.7.2024)

670. DROBNY, Andreas/KIRSCHHOCK, Eva-Maria (2020): Integration von geflüchteten Kindern in der Grundschule. Ergebnisse einer Interviewstudie zu Chancen und Herausforderungen aus der Perspektive von Lehrkräften. In: Bonanati, Marina/Kucharz, Diemut/Skorsetz, Nina (Hg.): Diversität und soziale Ungleichheit. Herausforderungen an die Integrationsleistung der Grundschule. (= Jahrbuch Grundschulforschung 24). Wiesbaden: Springer, S. 116–120.
https://doi.org/10.1007/978-3-658-27529-7 (Stand: 8.7.2024)

671. ECKERMANN, Torsten/MEIER, Michael (2020): Die Illusion der Kompensation? Didaktische Differenzierung als (Re-)Produktionsmechanismus von Bildungsungleichheit im Grundschulunterricht. In: Bonanati, Marina/Kucharz, Diemut/Skorsetz, Nina (Hg.): Diversität und soziale Ungleichheit. Herausforderungen an die Integrationsleistung der Grundschule. (= Jahrbuch Grundschulforschung 24). Wiesbaden: Springer, S. 132–143.
https://doi.org/10.1007/978-3-658-27529-7 (Stand: 8.7.2024)

672. HEINZEL, Friederike/PARADE, Ralf (2020): Zum (prekären) Selbstverständnis der Grundschule als „Schule für alle Kinder". In: Bonanati, Marina/Kucharz, Diemut/Skorsetz, Nina (Hg.): Diversität und soziale Ungleichheit. Herausforderungen an die Integrationsleistung der Grundschule. (= Jahrbuch Grundschulforschung 24). Wiesbaden: Springer, S. 41–45.
https://doi.org/10.1007/978-3-658-27529-7 (Stand: 11.6.2024)

673. KLEMM, Klaus (2008): Vierzig Jahre Chancenungleichheit in der Grundschule – keine Hoffnung auf Abhilfe in Sicht? In: Ramseger, Jörg/Wagener, Matthea (Hg.): Chancenungleichheit in der Grundschule. Wiesbaden: VS Verlag für Sozialwissenschaften, S. 17–23.

674. OGRODOWSKI, Jana (2020): Zur Bedeutung von Integrationserfahrungen in der Grundschulzeit aus der Retroperspektive junger Erwachsener. Eine Interviewstudie. In: Bonanati, Marina/Kucharz, Diemut/Skorsetz, Nina (Hg.): Diversität und soziale Ungleichheit. Herausforderungen an die Integrationsleistung der Grundschule. (= Jahrbuch Grundschulforschung 24). Wiesbaden: Springer, S. 91–95.
https://doi.org/10.1007/978-3-658-27529-7 (Stand: 8.7.2024)

3.3.1 Mehrsprachigkeit

675. AHRENHOLZ, Bernt (Hg.) (2010): Fachunterricht und Deutsch als Zweitsprache. Tübingen: Narr.

676. AHRENHOLZ, Bernt/APELTAUER, Ernst (Hg.) (2006): Zweitspracherwerb und curriculare Dimensionen. Empirische Untersuchungen zum Deutschlernen in Kindergarten und Grundschule. (= Forum Sprachlehrforschung 6). Tübingen: Stauffenburg.

677. APELTAUER, Ernst/ROST-ROTH, Martina (Hg.) (2011): Sprachförderung Deutsch als Zweitsprache. Von der Vor- in die Grundschule. (= Forum Sprachlehrforschung 11). Tübingen: Stauffenburg.

678. BECKER, Tabea (2018): Schreibentwicklung in der Grundschule. In: Grießhaber, Wilhelm/Schmölzer-Eibinger, Sabine/Roll, Heike/Schramm, Karen (Hg.): Schreiben in der Zweitsprache Deutsch. Ein Handbuch. (= DaZ-Handbücher 1). Berlin/Boston: De Gruyter, S. 79–93.
https://doi.org/10.1515/9783110354577 (Stand: 8.7.2024)

679. BECKER, Tabea/NIMZ, Katharina (2023): Schriftsprachaneignung bei Kindern im mehrsprachigen Kontext: Empirische Befunde und Implikationen für Theorie und Praxis. In: Osnabrücker Beiträge zur Sprachtheorie 101, S. 73–92.
https://doi.org/10.17192/obst.2023.101.8602 (Stand: 8.7.2024)

680. BECKER, Tabea/MÜLLER-BRAUERS, Claudia/STUDE, Juliane (2017): Handlungsmuster und Handlungsroutinen innerhalb der Literalitätsentwicklung in ein- und zweisprachigen Erwerbskontexten. In: Eder, Ulrike/Dirim, İnci (Hg.): Lesen und Deutschlernen. Wege der Förderung früher Literalität durch Kinderliteratur. Wien: Praesens, S. 101–126.

681. BECKER-MROTZEK, Michael (2023): Sprachliche Heterogenität in der Grundschule. In: Die Grundschule 55, 1, S. 16–20.

682. BECKER-MROTZEK, Michael/DEWITZ, Nora von (2015): Neu zugewanderte Kinder und Jugendliche in Deutschland. Schulorganisatorische Modelle für den Unterricht. In: Schulmanagement. Die Fachzeitschrift für Schul- und Unterrichtsentwicklung 6, S. 23–25.

683. BELKE, Gerlind (2008): Mehrsprachigkeit im Deutschunterricht. Sprachspiele, Spracherwerb und Sprachvermittlung. 4. Aufl. Baltmannsweiler: Schneider Verlag Hohengehren.

684. BERKEMEIER, Anne (2018): Schrifterwerb und L2-Alphabetisierung. In: Grießhaber, Wilhelm/Schmölzer-Eibinger, Sabine/Roll, Heike/Schramm, Karen (Hg.): Schreiben in der Zweitsprache Deutsch. Ein Handbuch. (= DaZ-Handbücher 1). Berlin/Boston: De Gruyter, S. 282–299.
https://doi.org/10.1515/9783110354577 (Stand: 8.7.2024)

685. BIALYSTOK, Ellen/MAJUMDER, Shilpi/MARTIN, Michelle M. (2003): Developing phonological awareness. Is there a bilingual advantage? In: Applied Psycholinguistics 24, 1, S. 27–44.
https://doi.org/10.1017/S014271640300002X (Stand: 8.7.2024)

686. BIALYSTOK, Ellen/McBRIDE-CHANG, Catherine/LUK, Gigi (2005): Bilingualism, language proficiency, and learning to read in two writing systems. In: Journal of Educational Psychology 97, 4, S. 580–590.
https://doi.org/10.1037/0022-0663.97.4.580 (Stand: 8.7.2024)

687. BIALYSTOK, Ellen (2007): Cognitive effects of bilingualism. How linguistic experience leads to cognitive change. In: The International Journal of Bilingual Education and Bilingualism 10, 3, S. 210–223.
https://doi.org/10.2167/beb441.0 (Stand: 8.7.2024)

688. BINANZER, Anja/GAMPER, Jana/WECKER, Verena (2013): Kasus als Unterrichtsgegenstand in sprachlich heterogenen Grundschulklassen. In: Köpcke, Klaus-Michael/Ziegler, Arne (Hg.): Schulgrammatik und Sprachunterricht im Wandel. Berlin/Boston: De Gruyter, S. 353–374.
https://doi.org/10.1515/9783110316179.353 (Stand: 8.7.2024)

689. BREDEL, Ursula (2012): (Verdeckte) Probleme beim Orthographieerwerb des Deutschen in mehrsprachigen Klassenzimmern. In: Grießhaber, Wilhelm/Kalkavan, Zeynep (Hg.): Orthographie- und Schriftspracherwerb bei mehrsprachigen Kindern. Freiburg i. Br.: Fillibach, S. 125–142.

690. BRUGGER, Maria (2019): Mit Rhythmus und Musik Sprache lernen. In: F&E Edition 25, S. 97–100.
https://www.ph-vorarlberg.ac.at/fileadmin/user_upload/RED_SOZ/PDFs/F_E_25/FE25_10_Brugger.pdf (Stand: 12.6.2024)

691. BUHOLZER, Alois/KUMMER Wyss, Annemarie (Hg.) (2010): Alle gleich – alle unterschiedlich! Zum Umgang mit Heterogenität in Schule und Unterricht. Seelze: Klett/Kallmeyer.

692. CANTONE, Katja (2011): Mehrsprachigkeit und ihre Bedeutung in der Lehrerausbildung. In: Elsner, Daniela/Wildemann, Anja (Hg.): Sprachen lernen – Sprachen lehren. Perspektiven für die Lehrerbildung in Europa. Language Learning – Language Teaching. Prospects for Teacher Education across Europe. Frankfurt a. M.: Lang, S. 23–35.

693. ÇELIK, Hülya (2015): Wortschatzarbeit vor der Tür. Mit zugewanderten Kindern die Schulumgebung erkunden. In: Grundschulunterricht Deutsch 4, S. 30–33. [Tags: Wortschatz]

694. CUMMINS, James (1978): Bilingualism and the development of metalinguistic awareness. In: Journal of Cross-Cultural Psychology 9, 2, S. 131–149.
https://doi.org/10.1177/002202217892001 (Stand: 8.7.2024)

695. DANNERER, Monika (2018): Erzählerwerb in der Zweitsprache. In: Grießhaber, Wilhelm/Schmölzer-Eibinger, Sabine/Roll, Heike/Schramm, Karen

(Hg.): Schreiben in der Zweitsprache Deutsch. Ein Handbuch. (= DaZ-Handbücher 1). Berlin/Boston: De Gruyter, S. 94–107. https://doi.org/10.1515/9783110354577 (Stand: 8.7.2024)

696. EDER, Ulrike (Hg.) (2015): Sprache erleben und lernen mit Kinder- und Jugendliteratur 1. Theorien, Modelle und Perspektiven für den Deutsch als Zweitsprachenunterricht. Wien: Praesens.

697. ELSNER, Daniela/WILDEMANN, Anja (2012) (Hg.): Mehrsprachigkeit und Unterrichtsforschung. Papers of Excellence. Ausgewählte Arbeiten aus den Fachdidaktiken. Bd. 3. Aachen: Shaker.

698. GERBER, Eva (2014): Schule im Kontext sprachlicher und soziokultureller Pluralität. Perspektiven von Schülerinnen. (= Berliner Arbeiten zur Erziehungs- und Kulturwissenschaft 68). Berlin: Logos.

699. GROSJEAN, François (2001): The bilingual's language modes. In: Nicol, Janet L. (Hg.): One mind, two languages. Bilingual language processing. Malden, MA: Blackwell, S. 1–22.

700. FÜRSTENAU, Sara (2009): Ich wäre die Letzte, die sagt, ‚Hier muss Deutsch gesprochen werden'. Eine Exploration unter Schulleiterinnen und Schulleitern über Mehrsprachigkeit und sprachliche Bildung in der Grundschule. In: Dirim, İnci/Mecheril, Paul (Hg.): Migration und Bildung. Soziologische und erziehungswissenschaftliche Schlaglichter. Münster: Waxmann, S. 57–77.

701. HACK-CENGIZALP, Esra (2021): Zum didaktischen Potenzial des multilingualen Lesens in der Grundschule. In: Hack-Cengizalp, Esra/Corvacho del Toro, Irene (Hg.): Literalität und Mehrsprachigkeit. (= Mehrsprachigkeit in Bildungskontexten 1). Bielefeld: wbv, S. 143–153. https://doi.org/10.3278/6004778w (Stand: 8.7.2024)

702. HOLZBRECHER, Alfred (2011): Interkulturelle Kompetenz und pädagogische Professionalität (Forschungsbefunde). In: Holzbrecher, Alfred (Hg.): Interkulturelle Schule. Eine Entwicklungsaufgabe. Schwalbach: Wochenschauverlag, S. 295–302.

703. HRICOVÁ, Marianna (2021): Sprachförderung bei Mehrsprachigkeit: ein Ratgeber für Eltern, Pädagogen und Therapeuten. Idstein: Schulz-Kirchner.

704. JEUK, Stefan (2007): Sprachbewusstheit bei mehrsprachigen Kindern im Vorschulalter. In: Hug, Michael/Siebert-Ott, Gesa (Hg.): Sprachbewusstheit und Mehrsprachigkeit. (= Diskussionsforum Deutsch 26). Baltmannsweiler: Schneider Verlag Hohengehren, S. 64–79.

705. JEUK, Stefan (2014): Mehrsprachigkeit wertschätzen und fördern. In: Grundschule aktuell 128, S. 6–8.

706. JEUK, Stefan (2015): Diagnose und Sprachstandsbeobachtung. In: Kalkavan-Aydın, Zeynep (Hg.): Deutsch als Zweitsprache – Didaktik für die Grundschule. 2. Aufl. Berlin: Cornelsen, S. 114–138.

707. JEUK, Stefan (2015): Sprachförderung. In: Kalkavan-Aydın, Zeynep (Hg.): Deutsch als Zweitsprache – Didaktik für die Grundschule. 2. Aufl. Berlin: Cornelsen, S. 139–158.

708. JEUK, Stefan (2018): Schriftspracherwerb und Alphabetisierung in der Zweitsprache im Grundschulalter. In: Grießhaber, Wilhelm/Schmölzer-Eibinger, Sabine/Roll, Heike/Schramm, Karen (Hg.): Schreiben in der Zweitsprache Deutsch. Ein Handbuch. (= DaZ-Handbücher 1). Berlin/Boston: De Gruyter, S. 49–62.
https://doi.org/10.1515/9783110354577 (Stand: 8.7.2024)

709. JEUK, Stefan (2021): Deutsch als Zweitsprache in der Schule. Grundlagen – Diagnose – Förderung. 5., überarb. Aufl. Stuttgart: Kohlhammer.

710. KALKAVAN-AYDIN, Zeynep (Hg.) (2016): Deutsch als Zweitsprache – Didaktik für die Grundschule. 2. Aufl. Berlin: Cornelsen.

711. KALKAVAN-AYDIN, Zeynep (2016): Zweitspracherwerb – Erwerbsverläufe und besondere sprachliche Aspekte. In: Kalkavan-Aydın, Zeynep (Hg.): Deutsch als Zweitsprache – Didaktik für die Grundschule. 2. Aufl. Berlin: Cornelsen, S. 26–52.

712. KANNENGIESER, Simone (2019): Für voll nehmen. Zum entwicklungsförderlichen Umgang mit (erst- und zweitsprachigen) Äußerungen von Kindern. In: Bose, Ines/Hannken-Illjes, Kati/Kurtenbach, Stephanie (Hg.): Kinder im Gespräch – mit Kindern im Gespräch. (= Schriften zur Sprechwissenschaft und Phonetik 16). Berlin: Frank & Timme, S. 195–232.

713. KOCH, Nikolas/RIEHL, Claudia Maria (2024): Migrationslinguistik. Eine Einführung. Tübingen: Narr.

714. KRUMM, Hans-Jürgen/OOMEN-WELKE, Ingelore (2004): Sprachenvielfalt – eine Chance für den Deutschunterricht. In: Fremdsprache Deutsch 31, S. 5–13.

715. KUYUMCU, Reyhan (2006): Jetzt male ich dir einen Brief. Literalitätserfahrungen von (türkischen) Migrantenkindern im Vorschulalter. In: Ahrenholz, Bernt (Hg.): Kinder mit Migrationshintergrund. Spracherwerb und Fördermöglichkeiten. Freiburg i. Br.: Fillibach, S. 34–45.

716. KUYUMCU, Reyhan (2007): Metasprachliche Entwicklung zweisprachig aufwachsender türkischer Kinder im Vorschulalter. In: Siebert-Ott, Gesa/Hug, Michael (Hg.): Sprachbewusstheit und Mehrsprachigkeit. Baltmannsweiler: Schneider Verlag Hohengehren, S. 79–94.

717. LESEMAN, Paul P. M./VAN TUIJL, Cathy (2006): Cultural diversity in early literacy. Findings in dutch studies. In: Dicklinson, David K./Neuman, Susan B. (Hg.): Handbook of early literacy research. Volume 2. New York: Guilford, S. 211–228.

718. LESEMAN, Paul P. M./SCHEELE, Anna F./MAYO, Aziza Y. (2010): The home language environment of monolingual and bilingual children and their language proficiency. In: Applied Psycholinguistics 31, 1, S. 117–140.
https://doi.org/10.1017/S0142716409990191 (Stand: 8.7.2024)

719. LUCHTENBERG, Sigrid (2006): Entwicklung mündlicher Fähigkeiten im mehrsprachigen Kontext. In: Bredel, Ursula/Günther, Hartmut/Klotz, Peter/Ossner. Jakob/Siebert-Ott, Gesa (Hg.): Didaktik der deutschen Sprache. Ein Handbuch. 1. Teilband. 2., durchges. Aufl. Paderborn u. a.: Schöningh, S. 121–132.

720. LUCHTENBERG, Sigrid (2022): Language Awareness. In: Ahrenholz, Bernt/Oomen-Welke, Ingelore/Ulrich, Winfried (Hg.): Deutsch als Zweitsprache. (= Deutschunterricht in Theorie und Praxis 9). Baltmannsweiler: Schneider Verlag Hohengehren, S. 150–162.

721. LÜTKE, Beate (2012): Deutsch als Zweitsprache in der Grundschule. Eine Untersuchung zum Erlernen lokaler Präpositionen. (= DaZ-Forschung 2). Berlin/Boston: De Gruyter.
https://doi.org/10.1515/9783110267808 (Stand: 8.7.2024)

722. MAAS, Utz/MEHLEM, Ulrich (2003): Schriftkulturelle Ressourcen und Barrieren bei marokkanischen Kindern in Deutschland. Abschlußbericht des von der Stiftung Volkswagenwerk 1999-2002 am Institut für Migrationsforschung und Interkulturelle Studien (IMIS) der Universität Osnabrück geförderten Forschungsprojekts. Osnabrück: Institut für Migrationsforschung und Interkulturelle Studien.
https://www.imis.uni-osnabrueck.de/fileadmin/3_Forschung/Abgeschlossene_Projekte/SRB1_Teil1.pdf (Stand: 12.6.2024)
https://www.imis.uni-osnabrueck.de/fileadmin/3_Forschung/Abgeschlossene_Projekte/SRB1_Teil2.pdf (Stand: 12.6.2024)
https://www.imis.uni-osnabrueck.de/fileadmin/3_Forschung/Abgeschlossene_Projekte/SRB1_Teil3.pdf (Stand: 12.6.2024)
https://www.imis.uni-osnabrueck.de/fileadmin/3_Forschung/Abgeschlossene_Projekte/SRB1_Teil4.pdf (Stand: 12.6.2024)

723. MAAS, Utz/MEHLEM, Ulrich (2005): Schriftkulturelle Ausdrucksformen der Identitätsbildung bei marokkanischen Kindern und Jugendlichen in Marokko. Abschlußbericht des von der Stiftung Volkswagenwerk 2002 – 2004 am Institut für Migrationsforschung und Interkulturelle Studien (IMIS) der Universität Osnabrück geförderten Forschungspro-

jekts. Osnabrück: Institut für Migrationsforschung und Interkulturelle Studien.
https://www.imis.uni-osnabrueck.de/fileadmin/3_Forschung/Abgeschlossene_Projekte/SRB_2_Teil_1.pdf (Stand:12.6.2024)
https://www.imis.uni-osnabrueck.de/fileadmin/3_Forschung/Abgeschlossene_Projekte/SRB_2_Teil2.pdf (Stand:12.6.2024)
https://www.imis.uni-osnabrueck.de/fileadmin/3_Forschung/Abgeschlossene_Projekte/SRB_2_Teil3.pdf (Stand:12.6.2024)

724. MAAS, Utz (2008): Sprache und Sprachen in der Migrationsgesellschaft. Die schriftkulturelle Dimension. (= Schriften des Instituts für Migrationsforschung und Interkulturelle Studien 015). Göttingen: V&R unipress.

725. MEHLEM, Ulrich (2010): Eine heilige Sprache? Literalität im Arabischen in Auswanderungs- und Einwanderungskontexten. In: Weth, Constanze (Hg.): Schrifterwerb unter den Bedingungen von Mehrsprachigkeit und Fremdsprachenunterricht. (= IMIS-Beiträge 37). Osnabrück: Institut für Migrationsforschung und Interkulturelle Studien, S. 17–54.

726. MEHLEM, Ulrich (2015): B 4 Sprachanalytische Fähigkeiten mehrsprachiger Kinder am Schulanfang. In: Röber, Christa/Olfert, Helena (Hg.): Schriftsprach- und Orthographieerwerb: Erstlesen, Erstschreiben. (= Deutschunterricht in Theorie und Praxis 2). Baltmannsweiler: Schneider Verlag Hohengehren, S. 227–252.

727. MERKENS, Hans/SCHRÜNDER-LENZEN, Agi (2006): Differenzen schriftsprachlicher Kompetenzentwicklung bei Kindern mit und ohne Migrationshintergrund. In: Schründer-Lenzen, Agi (Hg.): Risikofaktoren kindlicher Entwicklung. Migration, Leistungsangst und Schulübergang. Wiesbaden: VS Verlag für Sozialwissenschaften, S. 15–44.
https://doi.org/10.1007/978-3-531-90075-9_1 (Stand: 8.7.2024)

728. MÜLLER, Janina/RYSOP, Anna/KAUSCHKE, Christina (2014): Inputspezifizierung in der Sprachförderung – eine effektive Methode zur Verbesserung der Pluralbildung bei bilingualen Kindern? In: Sallat, Stephan/Spreer, Markus/Glück, Christian W. (Hg.): Sprache professionell fördern. Idstein: Schulz-Kirchner, S. 356–360.
https://doi.org/10.25656/01:11906 (Stand: 8.7.2024)

729. NAUGK, Nadine (2020): Deutsch als Zweitsprache unterrichten. Basisartikel. In: Grundschulunterricht Deutsch 67, 1, S. 4–8.

730. NIEBUHR-SIEBERT, Sandra/BAAKE, Heike (2014): Kinder mit Deutsch als Zweitsprache in der Grundschule. Eine Einführung. Unter Mitarbeit von Henriette Hoppe. Stuttgart: Kohlhammer.

731. OLFERT, Helena (2021): Wortschreibungen im ersten Schuljahr bei ein- und mehrsprachig sozialisierten Kindern unter Berücksichtigung der Lehrmethode. In: Hack-Cengizalp, Esra/Corvacho del Toro, Irene (Hg.): Literalität und Mehrsprachigkeit. (= Mehrsprachigkeit in Bildungskontexten 1). Bielefeld: wbv, S. 125–142.
https://doi.org/10.3278/6004778w (Stand: 8.7.2024)

732. OOMEN-WELKE, Ingelore (2000): Umgang mit Vielsprachigkeit im Deutschunterricht – Sprachen wahrnehmen und sichtbar machen. In: Deutsch lernen 25, 2, S. 143–163.

733. OOMEN-WELKE, Ingelore (2010): Sprachliches Lernen im mehrsprachigen Klassenzimmer. In: Huneke, Hans-Werner/Frederking, Volker/Krommer, Axel/Maier, Christel (Hg.): Taschenbuch des Deutschunterrichts. Bd. 1. Sprach- und Mediendidaktik. Baltmannsweiler: Schneider Verlag Hohengehren, S. 409–426.

734. OOMEN-WELKE, Ingelore (2016): Zwei- und Mehrsprachigkeit – Lernwege und Potenziale. In: Kalkavan-Aydın, Zeynep (Hg.): Deutsch als Zweitsprache – Didaktik für die Grundschule. 2. Aufl. Berlin: Cornelsen, S. 67–78.

735. OOMEN-WELKE, Ingelore (2016): Mehr Sprachen im regulären Deutschunterricht – Potenziale erkennen, schätzen und nutzen. In: Kalkavan-Aydın, Zeynep (Hg.): Deutsch als Zweitsprache – Didaktik für die Grundschule. Berlin: Cornelsen, S. 79–113.

736. OOMEN-WELKE, Ingelore/KALKAVAN-AYDIN, Zeynep (2016): Beratung von Eltern. In: Kalkavan-Aydın, Zeynep (Hg.): Deutsch als Zweitsprache – Didaktik für die Grundschule. Berlin: Cornelsen, S. 159–165.

737. PABST-WEINSCHENK, Marita (2012): Sprechen und Zuhören in mehrsprachigen Klassen fördern. In: Michalak, Magdalena/Kuchenreuther, Michaela (Hg.): Grundlagen der Sprachdidaktik Deutsch als Zweitsprache. Baltmannsweiler: Schneider Verlag Hohengehren, S. 85–117.

738. PENGG-BÜHRLEN, Verena (2019): Bilderbücher im DaF/DaZ/Sprachförderunterricht zur Unterstützung des Wortschatzerwerbs. In: F&E Edition 25, S. 105–110.
https://www.ph-vorarlberg.ac.at/fileadmin/user_upload/RED_SOZ/PDFs/F_E_25/FE25_12_Pengg_Buehrlen.pdf (Stand: 12.6.2024)

739. PLUTZAR, Verena/KERSCHHOFER-PUHALO, Nadja (Hg.) (2009): Nachhaltige Sprachförderung. Zur veränderten Aufgabe des Bildungswesens in einer Zuwanderergesellschaft. Bestandsaufnahme und Perspektiven. Innsbruck: Studienverlag.

740. PRENGEL, Annedore (2007): Heterogenität als Chance. In: Burk, Karlheinz/de Boer, Heike/Heinzel, Friederike (Hg.): Lehren und Lernen in

jahrgangsgemischten Klassen. Frankfurt a. M.: Grundschulverband, S. 66–75.

741. PRENGEL, Annedore (2010): Heterogenität als Theorem der Grundschulpädagogik. In: Zeitschrift für Grundschulforschung 3, 1, S. 7–17.

742. PÜNTER, Mathias (2012): Mehrsprachigkeit im Deutschunterricht aus der Sicht von Lehrkräften – Einstellungen, Erfahrungen und Wünsche. Eine empirische Untersuchung an einer niedersächsischen Grundschule. In: Elsner, Daniela/Wildemann, Anja (Hg.): Mehrsprachigkeit und Unterrichtsforschung. Papers of Excellence. Ausgewählte Arbeiten aus den Fachdidaktiken. Bd. 3. Aachen: Shaker, S. 57–91.

743. RÖBER, Christa (2013): Lieder für den Ausbau des sprachlichen Wissens in mehrsprachigen Klassen als Potential für das Schreiben und das literate Sprechen des Deutschen. In: Gawlitzek, Ira/Kümmerling-Meibauer, Bettina (Hg.): Mehrsprachigkeit und Kinderliteratur. Stuttgart: Fillibach, S. 263–288.
https://www.christa-roeber.de/wp-content/uploads/2021/04/Gawlitzek_lang_11.10..pdf (Stand: 12.6.2024)

744. RÖHNER, Charlotte (2020): Neu zugewanderte Kinder im Bildungs- und Aufnahmesystem. Kindheitstheoretische und erziehungswissenschaftliche Verortungen. In: Skorsetz, Nina/Bonanati, Marina/Kucharz, Diemut (Hg.): Diversität und soziale Ungleichheit. Herausforderungen an die Integrationsleistung der Grundschule. (= Jahrbuch Grundschulforschung 24). Wiesbaden: Springer, S. 20–29.
https://doi.org/10.1007/978-3-658-27529-7 (Stand:12.6.2024)

745. RÖNICKE, Nadine (2015): Krieg, Flucht, Heimatlosigkeit. Grundschüler einer vierten Klasse im Gespräch über „Akim rennt". In: Sache – Wort – Zahl 43, 153, S. 24–35.

746. RÖSCH, Heidi (Hg.) (2003): Deutsch als Zweitsprache. Sprachförderung. Grundlagen – Übungsideen – Kopiervorlagen. Hannover: Schroedel.

747. SAUERBORN, Hanna (2023). Inklusion von Lernenden mit DaZ? Anfangsunterricht und Schriftspracherwerb in sprachlich heterogenen Lerngruppen. In: Osnabrücker Beiträge zur Sprachtheorie 101, S. 45–72.
https://doi.org/10.17192/obst.2023.101.8601 (Stand: 8.7.2024)

748. SCHADER, Basil (2004): Sprachenvielfalt als Chance. Das Handbuch. Hintergründe und 101 praktische Vorschläge für den Unterricht in mehrsprachigen Klassen. Troisdorf: Orell Füssli.

749. SCHÄFER, Joachim (2018): DaZ-Schreibdidaktik in der Grundschule. In: Grießhaber, Wilhelm/Schmölzer-Eibinger, Sabine/Roll, Heike/Schramm,

Karen (Hg.): Schreiben in der Zweitsprache Deutsch. Ein Handbuch. (= DaZ-Handbücher 1). Berlin/Boston: De Gruyter, S. 300–314.
https://doi.org/10.1515/9783110354577 (Stand: 8.7.2024)

750. SCHRAMM, Karen (2022): Sprachlernstrategien. In: Ahrenholz, Bernt/Oomen-Welke, Ingelore/Ulrich, Winfried (Hg.): Deutsch als Zweitsprache. (= Deutschunterricht in Theorie und Praxis 9). Baltmannsweiler: Schneider Verlag Hohengehren, S. 137–149.

751. SCHRÜNDER-LENZEN, Agi/MÜCKE, Stephan (2005): Mit oder ohne Fibel – was ist der Königsweg für die multilinguale Klasse? Eine empirische Bilanz des Schriftspracherwerbs von Kindern nichtdeutscher Herkunftssprache in den ersten drei Schuljahren. In: Bartnitzky, Horst/Speck-Hamdan, Angelika (Hg.): Deutsch als Zweitsprache lernen. Frankfurt a.M.: Grundschulverband, S. 210–222.

752. SEIFERT, Susanne/PALECZEK, Lisa/GASTEIGER-KLICPERA, Barbara (2019): Rezeptive Wortschatzleistungen in der Grundschule. Unterschiede zwischen Kindern mit Deutsch als Erst- oder Zweitsprache. In: Empirische Sonderpädagogik 11, 4, S. 259–278.
https://doi.org/10.25656/01:18334 (Stand: 8.7.2024)

753. ŞIMŞEK, Yazgül (2018): Mehrsprachige Alphabetisierung. In: Grießhaber, Wilhelm/Schmölzer-Eibinger, Sabine/Roll, Heike/Schramm, Karen (Hg.): Schreiben in der Zweitsprache Deutsch. Ein Handbuch. (= DaZ-Handbücher 1). Berlin/Boston: De Gruyter, S. 63–78.
https://doi.org/10.1515/9783110354577 (Stand: 8.7.2024)

754. STROZYK, Kristina (2021): Praxisbuch Sprachenvielfalt in der Grundschule. Mehrsprachigkeit wertschätzen und in Lernprozesse sinnvoll einbinden. Weinheim/Basel: Beltz.

755. STUDE, Juliane/FEKETE, Olga (2018): Sprechen und Zuhören. In: Gebele, Diana/Zepter, Alexandra L. (Hg.): Deutsch als Zweitsprache. Unterricht mit neu zugewanderten Kindern und Jugendlichen. Baltmannsweiler: Schneider Verlag Hohengehren, S. 141–157.

756. TOLCHINSKY, Liliana (2010): Becoming literate in a foreign language. In: Aram, Dorit/Korat, Ofra (Hg.): Literacy development and enhancement across orthographies and cultures. New York: Springer, S. 177–190.

757. TRACY, Rosemarie/GAWLITZEK-MAIWALD, Ira (2000): Bilingualismus in der frühen Kindheit. In: Grimm, Hannelore (Hg.): Enzyklopädie der Psychologie. Bd. 3: Sprachentwicklung. Göttingen: Hogrefe, S. 495–535.

758. TRUDEWIND, Stephan (2017): Mittler zwischen Kulturen. In der Edition Orient kommen Buchschaffende aus anderen Ländern zu Wort. In: JuLit 2/17, S. 10–14.

759. VACH, Karin (2015): Mehrsprachige Bilderbücher. In: Dehn, Mechthild/Merklinger, Daniela (Hg.): Erzählen – vorlesen – zum Schmökern anregen. (= Beiträge zur Reform der Grundschule 139). Frankfurt a. M.: Grundschulverband, S. 146–155.

760. VACH, Karin (2017): Ästhetische Suchprozesse. Literatur kann eine neue Weltsicht erlebbar machen. In: JuLit 2/17, S. 3–9.

761. VERHOEVEN, Ludo (2003): Literacy Development in Immigrant Groups. In: Maas, Utz/Mehlem, Ulrich (Hg.): Qualitätsanforderungen für die Sprachförderung im Rahmen der Integration von Zuwanderern. (= IMIS-Beiträge 21). Osnabrück: Institut für Migrationsforschung und Interkulturelle Studien, S. 162–179.

762. VERHOEVEN, Ludo (2007): Early bilingualism, language transfer, and phonological awareness. In: Applied Psycholinguistics 28, 3, S. 425–439. https://doi.org/10.1017/S0142716407070233 (Stand: 8.7.2024)

763. WILDEMANN, Anja (2018): Heterogenität im sprachlichen Anfangsunterricht. Von der Diagnose bis zur Unterrichtsgestaltung. 2. Aufl. Seelze: Klett/Kallmeyer.

764. WILDEMANN, Anja/MERKERT, Alexandra/KRZYZEK, Sebastian/BIEN-MILLER, Lena/FORNOL, Sarah L./BUDUMLU, Handan (2022): Wörter im Gebrauch lernen. Basis- und Aufbauwortschatz. Materialien zum Üben für die Grundschule. Hannover: Klett/Kallmeyer.

765. WILDEMANN, Anja/MERKERT, Alexandra/KRZYZEK, Sebastian/BIEN-MILLER, Lena/FORNOL, Sarah L./BUDUMLU, Handan (2022): Wörter im Gebrauch lernen. Fachwortschatz Deutsch. Materialien zum Üben für die Grundschule. Hannover: Klett/Kallmeyer.

766. WILL, Gisela/SEURING, Julian/MAURICE, Jutta von (2023): Geflüchtete Kinder in der Grundschule – Eine Bestandsaufname. In: Die Grundschule 55, 1, S. 7–13.

767. YELLAND, Gregory W./POLLARD, Jacinta/MERCURI, Anthony (1993): The metalinguistic benefits of limited contact with a second language. In: Applied Psycholinguistics 14, 4, S. 423–444. https://doi.org/10.1017/S0142716400010687 (Stand: 8.7.2024)

768. ZIEGLER, Johannes C./GOSWAMI, Usha (2005): Reading acquisition, developmental dyslexia, and skilled reading across languages. A Psycholinguistic Grain Size Theory. In: Psychological Bulletin 131, 1, S. 3–29.

3.3.2 Sozioökonomische Differenzen

769. BONANATI, Marina/KUCHARZ, Diemut/SKORSETZ, Nina (2020): Diversität und soziale Ungleichheit als Herausforderung an die Grundschule. In:

Bonanati, Marina/Kucharz, Diemut/Skorsetz, Nina (Hg.): Diversität und soziale Ungleichheit. Herausforderungen an die Integrationsleistung der Grundschule. (= Jahrbuch Grundschulforschung 24). Wiesbaden: Springer, S. 2–7.
https://doi.org/10.1007/978-3-658-27529-7 (Stand: 8.7.2024)

770. BUTTERWEGGE, Carolin/BUTTERWEGGE, Christoph (2022): Kinder der Ungleichheit. Was die Politik tun muss: Dimension der Armut von Kindern in Deutschland. In: Die Grundschule 54, 4, S. 7–10.

771. DÜTTMANN, Susanne (2008): Armut und soziale Benachteilung in der Grundschule – Zur Synthese von Grundschule und Sozialer Arbeit. In: Ramseger, Jörg/Wagener, Matthea (Hg.): Chancenungleichheit in der Grundschule. Wiesbaden: VS Verlag für Sozialwissenschaften, S. 99–102.

772. GLÄSER, Eva/MILLER, Susanne/TOPPE, Sabine (2008): Zwischen Ausgrenzung und Normalität – Perspektiven auf Armut in der Grundschule. In: Ramseger, Jörg/Wagener, Matthea (Hg.): Chancenungleichheit in der Grundschule. Wiesbaden: VS Verlag für Sozialwissenschaften, S. 91–94.

773. JURECKA, Astrid/HACKBARTH, Anja (2020): Aktuelle Herausforderungen in der Erforschung von sozialer Ungleichheit und Benachteiligung im Bildungssystem aus Sicht quantitativer und qualitativer methodischer Zugänge. In: Bonanati, Marina/Kucharz, Diemut/Skorsetz, Nina (Hg.): Diversität und soziale Ungleichheit. Herausforderungen an die Integrationsleistung der Grundschule. (= Jahrbuch Grundschulforschung 24). Wiesbaden: Springer, S. 30–39.
https://doi.org/10.1007/978-3-658-27529-7 (Stand: 8.7.2024)

774. MAAZ, Kai/LEERHOFF, Holger (2022): Bildungsgerechtigkeit mangelhaft. Lernvoraussetzungen und Lernerfolge von Grundschüler:innen. In: Die Grundschule 54, 4, S. 12–19.

775. MOLL, Frederick de (2020): Sozialisatorisches und pädagogisches Handeln von Lehrkräften an Grundschulen mit privilegiertem und benachteiligtem Milieu. In: Bonanati, Marina/Kucharz, Diemut/Skorsetz, Nina (Hg.): Diversität und soziale Ungleichheit. Herausforderungen an die Integrationsleistung der Grundschule. (= Jahrbuch Grundschulforschung 24). Wiesbaden: Springer, S. 111–115.
https://doi.org/10.1007/978-3-658-27529-7 (Stand: 8.7.2024)

776. ROTHER, Pia (2020): Sortierte Kindheit? Orientierungen pädagogischer Akteure zu Bildungsbenachteiligung. In: Bonanati, Marina/Kucharz, Diemut/Skorsetz, Nina (Hg.): Diversität und soziale Ungleichheit. Herausforderungen an die Integrationsleistung der Grundschule. (= Jahrbuch Grundschulforschung 24). Wiesbaden: Springer, S. 106–110.
https://doi.org/10.1007/978-3-658-27529-7 (Stand: 8.7.2024)

3.3.3 Kognitive und physische Beeinträchtigungen und Inklusion

777. BIEWER, Gottfried (2006): Effektivität und Effizienz im gemeinsamen Unterricht – Eine kritisch-konstruktive Auseinandersetzung mit Diskursen über „Inclusive Education" in den angelsächsischen Ländern. In: Stechow, Elisabeth von/Hofmann, Christiane (Hg.): Sonderpädagogik und Pisa. Kritisch-konstruktive Beiträge. Bad Heilbrunn: Klinkhardt, S. 133–141.

778. BOBAN, Ines/HINZ, Andreas (2003): Index für Inklusion. Lernen und Teilhabe in der Schule der Vielfalt entwickeln. Entwickelt von Tony Booth & Mel Ainscow. Übersetzt, für deutschsprachige Verhältnisse bearbeitet und herausgegeben von Ines Boban & Andreas Hinz. Halle/Wittenberg: Martin-Luther-Universität Halle-Wittenberg.
http://www.eenet.org.uk/resources/docs/Index%20German.pdf (Stand: 12.6.2024)

779. BOBAN, Ines/HINZ, Andreas (2012): Kooperation inklusiv(e). Wie sich inklusive Pädagogik und Kooperatives Gruppenlernen ergänzen. In: Die Grundschule 44, 3, S. 16–18.

780. BÖHM, Manuela/HOHENSTEIN, Christiane (2023): Was heißt inklusiver Schrift(sprach)erwerb? In: Osnabrücker Beiträge zur Sprachtheorie 101, S. 7–25.
https://doi.org/10.17192/obst.2023.101.8599 (Stand: 8.7.2024)

781. BONNER, Maria Luise (2019): Auf dem Weg zur inklusiven Schule. Erfahrungsbericht aus der Praxisschule der Pädagogischen Hochschule Vorarlberg. In: F&E Edition 25, S. 127–128.
https://www.ph-vorarlberg.ac.at/fileadmin/user_upload/RED_SOZ/PDFs/F_E_25/FE25_16_Bonner.pdf (Stand: 12.6.2024)

782. ECKERT, Andreas (2022): Kinder im Autismus-Spektrum. In: Die Grundschule 54, 2, S. 7–9.

783. GRAUMANN, Olga (2014): Integration behinderter Kinder in der Grundschule. In: Einsiedler, Wolfgang/Götz, Margarete/Hartinger, Andreas/Heinzel, Frederike/Kahlert, Joachim/Sandfuchs, Uwe (Hg.): Handbuch Grundschulpädagogik und Grundschuldidaktik. 4., erg. und aktual. Aufl. Bad Heilbrunn: Klinkhardt, S. 99–103.

784. GRUNEFELD, Maike/SCHMOLKE, Silke (2016): Individuelles Lernen mit System für Fortgeschrittene. Leistungsbewertung, Elternarbeit, Inklusion, Extra-Materialien Klasse 3/4. Mülheim a. d. R.: Verlag an der Ruhr.
[Tags: Eltern]

785. HELLMICH, Frank/BLUMBERG, Eva (Hg.) (2017): Inklusiver Unterricht in der Grundschule. Stuttgart: Kohlhammer.

786. KLEKTAU, Claudia (2018): Fragen von Kindern im Spiegel unklusionssensiblen Unterrichts. In: Rumpf, Dietlinde/Winter, Stephanie (Hg.):

Kinderperspektiven im Unterricht. Zur Ambivalenz der Anschaulichkeit. Wiesbaden: Springer VS, S. 55–64.

787. Köb, Stefanie/Janz, Frauke/Breite, Emmanuel/Sansour, Teresa/Terfloth, Karin/Vach, Karin (2023): Zum Potenzial literarischer Erfahrungen für den inklusiven Schriftspracherwerb bei Schüler:innen mit kognitiver Beeinträchtigung. In: Osnabrücker Beiträge zur Sprachtheorie 101, S. 93–109.
https://doi.org/10.17192/obst.2023.101.8603 (Stand: 8.7.2024)

788. Kronig, Winfried (2008): Unstandardisierbar – Normierung zwischen Notwendigkeit und Unmöglichkeit. In: Sonderpädagogische Förderung heute 53, 3, S. 229–238.

789. Meili, Aline (2023): Kohäsive Mittel in Texten gehörloser Lernender. Gebärdentexte als Ressource für den Schreibunterricht. In: Osnabrücker Beiträge zur Sprachtheorie 101, S. 111–132.
https://doi.org/10.17192/obst.2023.101.8604 (Stand: 8.7.2024)

790. Naugk, Nadine/Ritter, Alexandra/Ritter, Michael/Zielinski, Sascha (2016): Deutschunterricht in der inklusiven Grundschule. Perspektiven und Beispiele. Weinheim/Basel: Beltz.

791. Regionales Netzwerk Integration Trier (2008): Standards für integrativen Unterricht. In: Sonderpädagogische Förderung heute 53, 3, S. 430–436.

792. Reich, Hans H. (2009): Aufbauende Sprachförderung unter Nutzung der FörMig-Instrumente. In: Lengyel, Drorit/Reich, Hans H./Roth, Hans-Joachim/Döll, Marion (Hg.): Von der Sprachdiagnose zur Sprachförderung. Münster: Waxmann, S. 25–33.

793. Ritter, Alexandra/Ritter, Michael/Rönicke, Nadine/Zielinski, Sascha (2016): Mama ich bin dumm. Reflexionen zum aktuellen Inklusionsdiskurs am Beispiel einer Separationskarriere. In: Sonderpädagogische Förderung heute 60, 4, S. 356–368.

794. Rothweiler, Monika (2001): Wortschatz und Störungen des lexikalischen Erwerbs bei spezifisch sprachentwicklungsgestörten Kindern. Heidelberg: Winter.

795. Sander, Alfred (2008): Inklusion macht Schule. Ein langer Weg zu einem humanen Bildungswesen. In: Sonderpädagogische Förderung heute 53, 4, S. 342–353.

796. Sander, Alfred (2018): Inklusion macht Schule – Ein langer Weg zu einem humaneren Bildungswesen. In: Müller, Frank J. (Hg.): Blick

zurück nach vorn – WegbereiterInnen der Inklusion. Bd. 1. Gießen: Psychosozial-Verlag, S. 23–34.
https://doi.org/10.25656/01:15815 (Stand: 8.7.2024)

797. SARIMSKI, Klaus (1984): Sprachverständnis und kognitive Entwicklung bei entwicklungsverzögerten Kleinkindern. In: Die Sprachheilarbeit 29, 1, S. 29–33.

798. SARIMSKI, Klaus (1987): Zusammenhänge der frühen kognitiven und kommunikativen Entwicklung bei gesunden und behinderten Kindern. In: Praxis der Kinderpsychologie und Kinderpsychiatrie 36, 1, S. 2–7.
https://doi.org/10.23668/psycharchives.11432 (Stand: 8.7.2024)

799. SAUERBORN, Hanna (Hg.) (2020): Freiburg i. Br.: Deutsche Gesellschaft für Lesen und Schreiben (DGLS).
https://dgls.de/wp-content/uploads/2020/02/Inklusion-im-Deutschunterricht_neu-2-seiten-357.pdf (Stand: 8.7.2024)

800. SCHÄDLER, Johannes/DORRANCE, Carmen (2011): Barometer of Inclusive Education – Konzept, methodisches Vorgehen und Zusammenfassung der Forschungsergebnisse ausgewählter europäischer Länder. In: Zeitschrift für Inklusion 4.
https://www.inklusion-online.net/index.php/inklusion-online/article/view/75/75 (Stand: 12.6.2024)

801. SCHUCK, Heiko (2022): Das Down-Syndrom (Trisomie 21). In: Die Grundschule 54, 2, S. 10–11.

802. SEIBERT, Nils (2022): Unterstützte Kommunikation in der schulischen Inklusion. In: Die Grundschule 54, 2, S. 29–31.

803. STURNY-BOSSART, Gabriel (2010): Förderung von Kindern mit besonderem Bildungsbedarf und Behinderung. In: Buholzer, Alois/Kummer Wyss, Annemarie (Hg.) (2010): Alle gleich – alle unterschiedlich! Zum Umgang mit Heterogenität in Schule und Unterricht. Seelze: Klett/Kallmeyer, S. 40–52.

804. TERFLOTH, Karin (2022): Schwere und mehrfache Behinderung. In: Die Grundschule 54, 2, S. 12–13.

805. THÄLE, Angelika/MUSENBERG, Oliver (2022): Inklusion im Fachunterricht. In: Die Grundschule 54, 1, S. 7–11.

806. VANIN, Alexandra (2022): Inklusion (er)leben an der Otfried-Preußler-Schule. In: Die Grundschule 54, 2, S. 20–22.

3.3.4 Sexualität, Gender und Geschlecht

807. BUDDE, Jürgen/DIETRICH, Anette (2021): Relevanz von Geschlecht in Interaktionen in der Grundschule. In: v. Dall'Armi, Julia/Schurt, Verena

(Hg.) Von der Vielheit der Geschlechter. Neue interdisziplinäre Beiträge zur Genderdiskussion. Wiesbaden: Springer VS, S. 147–161.

808. DROGI, Susanne/KARST, Raila/NAUGK, Nadine (2023): Es gibt nur Lieblingsfarben! – Zur Überwindung heteronormativer Vorstellungen in Kinderliteratur und ihrer Didaktik. In: Kallweit, Nina/Simon, Toni (Hg.): Sexuelle Bildung in der Primarstufe – (k)eine Selbstverständlichkeit? Primarpädagogische und -didaktische Beiträge zur Sexuellen Bildung unter besonderer Berücksichtigung von Geschlechterstereotypen. Baltmannsweiler: Schneider Verlag Hohengehren, S. 155–167.

809. KAISER, Astrid (2006): Gender im unterrichtlichen Alltag der Grundschule. In: Jösting, Sabine/Seemann, Malwine (Hg.): Gender und Schule. Geschlechterverhältnisse in Theorie und schulischer Praxis. Oldenburg: BIS-Verlag, S. 75–96.

810. RÜGER, Jörg/SCHWARZ, Silke (2014): Sachunterricht und Gender – eine Selbstverständlichkeit!? In: Eisenbraun, Verona/Uhl, Siegfried (Hg.): Geschlecht und Vielfalt in Schule und Lehrerbildung. Münster/New York: Waxmann, S. 111–116.

811. VOSS, Heinz-Jürgen (2018): Körperlernen und Sexuelle Bildung in der Grundschule. In: Rumpf, Dietlinde/Winter, Stephanie (Hg.): Kinderperspektiven im Unterricht. Wiesbaden: Springer VS, S. 79–90.

3.3.5 Religion

812. ASBRAND, Barbara (2001): Wer ist fremd? Fremdverstehen als Zusammen Leben und Lernen im interreligiösen Religionsunterricht. In: Zeitschrift für internationale Bildungsforschung und Entwicklungspädagogik 24, 3, S. 18–21.

813. SPIELHAUS, Riem (2018): Der Umgang mit innerreligiöser Vielfalt im Islamischen Religionsunterricht in Deutschland und seinen Schulbüchern. In: Štimac, Zrinke/Spielhaus, Riem (Hg.): Schulbuch und religiöse Vielfalt. (= Eckert. Die Schriftenreihe 143). Göttingen: Vandenhoeck & Ruprecht, S. 93–116.

814. SPULLER, Siglinde (2018): Warum glaubt Oma an Gott? In: Rumpf, Dietlinde/Winter, Stephanie (Hg.): Kinderperspektiven im Unterricht. Wiesbaden: Springer VS, S. 203–220.

815. VON BRAUNMÜHL, Susanne (2021): Interreligiöses Lernen im Unterricht der Grundschule. In: de Boer, Heike/Merklinger, Daniela (Hg.): Grundschule im Kontext von Flucht und Migration. Stuttgart: Kohlhammer, S. 154–156.

3.4 Supportive Kompetenzen

3.4.1 Diagnostik und Förderung

816. BARTNITZKY, Horst/HECKER, Ulrich/LASSEK, Maresi (Hg.) (2013): Individuell fördern – Kompetenzen stärken. Ab Klasse 3. (= Beiträge zur Reform der Grundschule 135). Frankfurt a. M.: Grundschulverband.

817. BARTNITZKY, Horst/HECKER, Ulrich/LASSEK, Maresi (Hg.) (2019): Individuellfördern – Kompetenzen stärken. In der Eingangsstufe (Kl. 1 und 2). 2., erg. Aufl. (= Beiträge zur Reform der Grundschule 134). Frankfurt a. M.: Grundschulverband.

818. BECKER-MROTZEK, Michael (2020): BiSS – Bildung durch Sprache und Schrift. Erfahrungen und Erträge. In: Die Grundschulzeitschrift 34, 323, S. 10–11.
https://www.degruyter.com/database/IBZ/entry/ibz.263980/html (Stand: 12.6.2024)

819. BECKER-MROTZEK, Michael/NEUGEBAUER, Uwe/STANAT, Petra (2014): Ermittlung von Sprachförderbedarf bei Kindern im Elementarbereich aus pädagogisch-psychologischer Sicht. In: Recht der Jugend und des Bildungswesens. Zeitschrift für Schule, Berufsbildung und Jugenderziehung 62, 1, S. 100–110.
https://www.degruyter.com/database/IBZ/entry/ibz.ibzEx_20160608_18045/html (Stand: 12.6.2024)

820. BERTSCHI-KAUFMANN, Andrea (2021): Offene Formen der Leseförderung. In: Bertschi-Kaufmann, Andrea/Graber, Tanja (Hg.): Lesekompetenz – Leseleistung – Leseförderung. Grundlagen, Modelle und Materialien. 8. Aufl. Seelze/Zug: Klett/Kallmeyer und Balmer, S. 170–181.

821. BREMERICH-VOS, Albert/BÖHME, Katrin (2009): Lesekompetenzdiagnostik – die Entwicklung eines Kompetenzstufenmodells für den Bereich Lesen. In: Granzer, Dietlinde/Köller, Olaf/Bremerich-Vos, Albert/Heuvel-Panhuizen, Marja van den/Reiss, Kristina/Walther, Gerd (Hg.): Bildungsstandards Deutsch und Mathematik. Leistungsmessung in der Grundschule. Weinheim/Basel: Beltz, S. 219–249.

822. DIEM, Markus (1990): Evaluation eines Legasthenie-Prophylaxe-Kurses für Lehrerinnen. Dissertation Universität Zürich.

823. GADOW, Angelika/HECKER, Ulrich (2013): Fördern im Deutschunterricht. Heft 1. In: Bartnitzky, Horst/Hecker, Ulrich/Lassek, Maresi (Hg.): Individuell fördern – Kompetenzen stärken. Ab Klasse 3. (= Beiträge zur Reform der Grundschule 135). Frankfurt a. M.: Grundschulverband.

824. GUADATIELLO, Angela/SPECK-HAMDAN, Angelika (Hg.): Bildungssprache/Deutsch als Zweitsprache fördern. Heft 3. In: Bartnitzky, Horst/Hecker,

Ulrich/Lassek, Maresi (Hg.) (2013): Individuell fördern – Kompetenzen stärken. Ab Klasse 3. (= Beiträge zur Reform der Grundschule 135). Frankfurt a. M.: Grundschulverband.

825. Glück, Christian W./Spreer, Markus/Theisel, Anja (2019): Kognitive Entwicklung sprachbeeinträchtigter Kinder von der Einschulung bis zum Ende der Grundschule. In: Forschung Sprache. E-Journal für Sprachheilpädagogik, Sprachtherapie und Sprachförderung 7, 2, S. 65–78.
https://www.forschung-sprache.eu/index.php?id=63 (Stand: 1.6.2024)

826. Eggert, Jens (2015): Schnell-Diagnosetests: Deutsch 1.–4. Klasse–Lernstände von Kindern mit Lerndefiziten feststellen. Hamburg: Persen.

827. Ehlich, Konrad/Bredel, Ursula/Garme, Birgitta/Komor, Anna/Krumm, Hans-Jürgen/McNamara, Tim (Universität Melbourne)/Reich, Hans H./Schnieders, Guido/ten Thije, Jan D. (2005): Anforderungen an Verfahren der regelmäßigen Sprachstandsfeststellung als Grundlage für die frühe und individuelle Förderung von Kindern mit und ohne Migrationshintergrund. Hg. vom Bundesministerium für Bildung und Forschung (BMBF). (= Bildungsreform 11). Bonn/Berlin.
https://home.edo.tu-dortmund.de/~hoffmann/PDF/bildungsreform_band_elf.pdf (Stand: 9.7.2024)

828. Hartmann, Erich (2002): Möglichkeiten und Grenzen einer präventiven Intervention zur phonologischen Bewusstheit von lautsprachgestörten Kindergartenkindern. Fribourg: Sprachimpuls.

829. Hobusch, Anna/Lutz, Nevin/Wiest, Uwe (2020): Sprachstandsüberprüfung und Förderdiagnostik (SFD). Testverfahren für Grundschulkinder mit Deutsch als Erst- und Zweitsprache. 3. Aufl. Hamburg: Persen.

830. Holler-Zittlau, Inge/Dux, Winfried/Berger, Roswitha (2007): Marburger Sprachscreening für 4- bis 6-jährige Kinder (MSS). Ein Sprachprüfverfahren für Kindergarten und Schule. 4., überarb. Aufl. Hamburg: Persen.

831. Jäger, Reinhold S. (2009): Diagnostische Kompetenz und Urteilsbildung als Element von Lehrerprofessionalität. In: Zlatkin-Troitschanskaia, Olga/Beck, Klaus/Sembill, Detlef/Nickolaus, Reinhold/Mulder, Regina (Hg.): Lehrerprofessionalität. Bedingungen, Genese, Wirkungen und ihre Messung. Weinheim/Basel: Beltz, S. 105–116.

832. Jambor-Fahlen, Simone/Becker-Mrotzek, Michael (2021): Diagnostik und Fördertraining: das Konzept von Lesen macht stark – Grundschule. In: Psychologie in Erziehung und Unterricht 68, 4, S. 264–266.
https://www.degruyter.com/database/IBZ/entry/ibz.447906/html (Stand: 12.6.2024) [Tags: Diagnostik]

833. JAMPERT, Karin/ZEHNBAUER, Anne (2007): Sprachliche Bildung und Sprachförderung im Rahmen einer ganzheitlichen Elementarpädagogik. In: Jampert, Karin/Best, Petra/Guadatiello, Angela/Holler, Doris/Zehnbauer, Anne (Hg.): Schlüsselkompetenz Sprache. Sprachliche Bildung und Förderung im Kindergarten. Konzepte, Projekte und Maßnahmen. Ergebnisse der bundesweiten Recherche im DJI-Projekt Schlüsselkompetenz Sprache zu Maßnahmen und Aktivitäten im Bereich der sprachlichen Bildung und Sprachförderung in Tageseinrichtungen für Kinder. 2., überarb. Aufl. Weimar/Berlin: das netz, S. 33–37.

834. JANSEN, Heiner/MANNHAUPT, Gerd/Marx, Harald/SKROWONEK, Helmut (2002): Bielefelder Screening zur Früherkennung von Lese-Rechtschreibschwierigkeiten (BISC). 2., überarb. Aufl. Göttingen: Hogrefe.

835. JEUK, Stefan/SCHMID-BARKOW, Ingrid (Hg.) (2009): Differenzen diagnostizieren und Kompetenzen fördern im Deutschunterricht. Freiburg i. Br.: Fillibach.

836. KAMMERMEYER, Gisela/ROUX, Susanna/STUCK, Andrea (2011): Additive Sprachförderung in Kindertagesstätten – Welche Sprachfördergruppen sind erfolgreich? In: Empirische Pädagogik 25, 4, S. 439–461.

837. KANY, Werner/SCHÖLER, Hermann (2007): Fokus: Sprachdiagnostik. Leitfaden zur Sprachstandsbestimmung im Kindergarten. Berlin: Cornelsen Scriptor.

838. KNAPP, Werner (2021): Sprachförderung auf der Primarstufe. In: Abraham, Ulf/Knopf, Julia (Hg.): Deutsch – Didaktik für die Grundschule. 7., aktual. Neuaufl. Berlin: Cornelsen, S. 158–166.

839. KRETSCHMANN, Rudolf (2008): Kooperative Förderplanung und Kontrakte. In: Arnold, Karl-Heinz/Graumann, Olga/Rakhkochkine, Anatoli (Hg.) (2008): Handbuch Förderung. Grundlagen, Bereiche und Methoden der individuellen Förderung von Schülern. Weinheim/Basel: Beltz, S. 160–164.

840. KUCHARZ, Diemut (2021): Sprachförderung im Übergang vom Kindergarten in die Grundschule. In: Hack-Cengizalp, Esra/Corvacho del Toro, Irene (Hg.): Literalität und Mehrsprachigkeit. (= Mehrsprachigkeit in Bildungskontexten 1). Bielefeld: wbv, S. 47–58. https://doi.org/10.3278/6004778w (Stand: 9.7.2024)

841. LANGER, Sandra/SCHNEBEL, Stefanie (2020): Förderkonzepte an Grundschulen – eine Studie zu good-practice Schulen. In: Bonanati, Marina/Kucharz, Diemut/Skorsetz, Nina (Hg.): Diversität und soziale Ungleichheit. Herausforderungen an die Integrationsleistung der Grundschule. (= Jahrbuch Grundschulforschung 24). Wiesbaden: Springer, S. 149–153. https://doi.org/10.1007/978-3-658-27529-7 (Stand: 9.7.2024)

842. Leist, Anja (2006): Sprachförderung im Elementarbereich. In: Bredel, Ursula/Günther, Hartmut/Klotz, Peter/Ossner. Jakob/Siebert-Ott, Gesa (Hg.): Didaktik der deutschen Sprache. Ein Handbuch. 1. Teilband. 2., durchges. Aufl. Paderborn/München/Wien/Zürich: Schöningh, S. 673–683.

843. Lengye, Drorit/Reich, Hans H./Roth, Hans-Joachim/Döll, Marion (Hg.) (2009): Von der Sprachdiagnose zur Sprachförderung. Münster: Waxmann.

844. Löffelsender, Kerstin (2015): Die grundlegende Lesefertigkeit trainieren: Diagnose- und Übungsmaterial zur Förderung der Synthesefähigkeit, [2.–10. Klasse]. Hamburg: Persen. [Tags: Lesen, Unterrichtsmaterial]

845. Mannhaupt, Gerd (2006): Münsteraner Screening zur Früherkennung von Lese-Rechtschreibschwierigkeiten (MÜSC). Berlin: Cornelsen.

846. Martschinke, Sabine/Kirschhock, Eva-Maria/Frank, Angela (2021): Der Rundgang durch Hörhausen. Erhebungsverfahren zur phonologischen Bewusstheit. Diagnose und Förderung im Schriftspracherwerb. 11. Aufl. Donauwörth: Auer.

847. May, Peter (2008): Diagnose der orthografischen Kompetenz – von der HSP zur DSP. In: Schneider, Wolfgang/Marx, Harald/Hasselhorn, Marcus (Hg.): Diagnostik von Rechtschreibleistungen und -kompetenz. Göttingen: Hogrefe, S. 93–127.

848. Meyer, Simon/Elting, Christian (2022): Erfolge und Förderbedarfe der Grundschule. Forschungsüberblick zu grundlegenden Bildungserträgen. In: Die Grundschule 54, 5, S. 14–20.

849. Mussmann, Jörg (2020): Inklusive Sprachförderung in der Grundschule. Mit Zusatzinformationen und Checklisten als Online-Material. 2., aktual. Aufl. München: Ernst Reinhardt. [Tags: Inklusion]

850. Neumann, Sandra/Opitz, Miriam (2019): Selbsteinschätzung der kommunikativen Partizipation von Grundschulkindern mit (S)SES. In: Forschung Sprache. E-Journal für Sprachheilpädagogik, Sprachtherapie und Sprachförderung 7, 2, S. 37–52.
https://www.forschung-sprache.eu/index.php?id=63 (Stand: 12.6.2024)

851. Niedermann, Albin/Sassenroth, Martin (2022): Lesestufen. Ein Instrument zur Feststellung und Förderung der Leseentwicklung. Kommentar und Bewertungsbogen zum Bilderbuch „DANI hat Geburtstag". 9. Aufl. Hamburg: Persen.

852. Redder, Angelika/Schwippert, Knut/Hasselhorn, Marcus/Forschner, Sabine/Fickermann, Detlef/Ehlich, Konrad/Becker-Mrotzeck, Michael/Krüger-Potratz, Marianne/Rossbach, Hans-Günther/

STANAT, Petra/WEINERT, Sabine (2011): Bilanz und Konzeptualisierung von strukturierter Forschung zu „Sprachdiagnostik und Sprachförderung". Hamburg: Zentrum zur Unterstützung der Wissenschaftlichen Begleitung und Erforschung Schulischer Entwicklungsprozesse (= ZUSE Berichte 2).
https://epub.sub.uni-hamburg.de/epub/volltexte/2011/9874/ (Stand: 11.6.2024)

853. SATTLER, Johanna Barbara (2013): Das linkshändige Kind – seine Begabungen und seine Schwierigkeiten. Eine Hilfe für Lehrerinnen und Lehrer zur Information beim Elternabend. Mit Kopiervorlagen für Projektionsfolien und Handzettel. 4. Aufl. Donauwörth: Auer.

854. SATTLER, Johanna Barbara (2018): Das linkshändige Kind in der Grundschule. 17., mehrf. durchges. u. erg. Aufl. Augsburg: Auer.

855. SCHIEFELE, Christoph/STREIT, Christine/STURM, Tanja (2019): Pädagogische Diagnostik und Differenzierung in der Grundschule. Mathe und Deutsch inklusiv unterrichten. München: Ernst Reinhardt. [Tags: Inklusion]

856. SCHMERR, Martina (2007): Sprachförderung in Kindertagesstätte und Grundschule. In: Gewerkschaft Erziehung und Wissenschaft (GEW) (Hg.): Sprache fördern – Bildung ganzheitlich entfalten. Frankfurt a. M.: Gewerkschaft Erziehung und Wissenschaft, S. 17–28.
https://www.gew.de/fileadmin/media/publikationen/hv/Kita/Sprachfoerderung/Sprache_foerdern_Bildung_ganzheitlich_entfalten.pdf (Stand: 12.6.2024)

857. SCHÖLER, Hermann/GRABOWSKI, Joachim (2010): Sprachentwicklungsdiagnostik: Einsatz und Bedeutung von Tests. In: Knapp, Karlfried/Antos, Gerd/Becker-Mrotzek, Michael/Deppermann, Arnulf/Göpferich, Susanne/Grabowski, Joachim/Klemm, Michael/Villiger, Claudia (Hg.): Angewandte Linguistik. Ein Lehrbuch. 3., vollst. überarb. u. erw. Aufl. Tübingen/Basel: Francke, S. 563–581.

858. SCHRADER, Friedrich-Wilhelm (2014): Lehrer als Diagnostiker. In: Terhart, Ewald/Bennewitz, Hedda/Rothland, Martin (Hg.): Handbuch der Forschung zum Lehrerberuf. 2., überarb. u. erw. Aufl. Münster: Waxmann, S. 865–882.

859. SCHUCK, Karl Dieter (2008): Konzeptuelle Grundlagen der Förderdiagnostik. In: Arnold, Karl-Heinz/Graumann, Olga/Rakhkochkine, Anatoli (Hg.) (2008): Handbuch Förderung. Weinheim/Basel: Beltz, S. 106–115.

860. SCHULZ, Petra/TRACY, Rosemarie (2011): Linguistische Sprachstandserhebung – Deutsch als Zweitsprache (LiSe-DaZ). Göttingen: Hogrefe.

861. STAATSINSTITUT FÜR SCHULPÄDAGOGIK UND BILDUNGSFORSCHUNG (Hg.) (2005): Kenntnisse in Deutsch als Zweitsprache erfassen. Ein Screening-Modell. Stuttgart: Klett.

862. STORCK, Claudia/MARX, Peter/SCHNEIDER, Wolfgang (2017): Basiskompetenzen für Lese- Rechtschreibleistungen (BAKO 1–4). Ein Test zur Erfassung der phonologischen Bewusstheit vom ersten bis vierten Grundschuljahr. 2., erg. u. aktual. Aufl. Göttingen: Hogrefe.

863. THELEN, Katrin (2019): Satzverstehen bei Kindern mit spezifischer Sprachentwicklungsstörung (SSES) und bei Kindern mit unauffälligem Spracherwerb. In: Forschung Sprache. E-Journal für Sprachheilpädagogik, Sprachtherapie und Sprachförderung 7, 2, S. 80–97.
https://www.forschung-sprache.eu/index.php?id=63 (Stand: 12.6.2024)

864. TRÄBERT, Detlef (2011): Konzentrationsförderung in der Grundschule. Grundlagen – Evaluation – praktische Übungen. Klasse 3.–4. Buxtehude: AOL.

865. ULICH, Michaela/MAYR, Toni/BAYRISCHES STAATSINSTITUT FÜR FRÜHPÄDAGOGIK MÜNCHEN IFP (Hg.) (2003): Sprachverhalten und Interesse an Sprache bei Migrantenkindern in Kindertageseinrichtungen (Sismik). Freiburg i. Br.: Herder.

866. ULICH, Michaela/MAYR, Toni (2006): Sprachenwicklung und Literacy bei deutschsprachig aufwachsenden Kindern (Seldak). Freiburg i. Br.: Herder.

867. VOET CORNELLI, Barbara/GEYER, Sabrina/MÜLLER, Anja/LEMMER, Rabea/SCHULZ, Petra (2023): Vom Sprachprofi zum Sprachförderprofi. Linguistisch fundierte Sprachförderung in Kita und Grundschule. Mit Online-Materialien. Weinheim/Basel: Beltz.

868. WAGNER, Lilli (2008): Screening der Erstsprachfähigkeit bei Migrantenkindern (SCREEMIK). Version 2. Russisch–Deutsch, Türkisch–Deutsch. Manual und CD-Rom. 2. Aufl. München: Wagner.

869. WAGNER, Lilli (2014): Screening der kindlichen Sprachentwicklung (SCREENIKS). Computergestütztes Verfahren zur Feststellung des Sprachstandes im Deutschen bei ein- und mehrsprachigen Kindern. München: Wagner.

870. WILDEMANN, Anja (2010): Sprachdiagnostikkompetenz angehender Deutschlehrkräfte – Annäherungen zwischen Utopie und Wirklichkeit. In: Hofmann, Bernhard/König, Johannes (Hg.): Professionalität von Lehrkräften. Was sollen Lehrkräfte im Lese- und Schreibunterricht wissen und können? Berlin: Deutsche Gesellschaft für Lesen und Schreiben (DGLS), S. 178–194.

871. WILDEMANN, Anja/MERKERT, Alexandra (2020): Sprachdiagnose, Sprachförderung und Sprachbildung in der Grundschule. Grundlagen, Methoden und Praxis. Seelze: Klett/Kallmeyer. [Tags: Diagnostik]

872. WIPRÄCHTIGER-GEPPERT, Maja (2009): Literarisches Lernen in der Förderschule. Eine qualitativ-empirische Studie zur literarischen Rezeptionskompetenz von Förderschülerinnen und -schülern in literarischen Unterrichtsgesprächen. Baltmannsweiler: Schneider Verlag Hohengehren.
https://doi.org/10.25656/01:20449 (Stand: 9.7.2024)

873. VALTIN, Renate/VOSS, Andreas/BOS, Wilfried (2015): Zur Diagnose von isolierten und kombinierten Leseproblemen: Definitionen, Operationalisierungen und Vorkommenshäufigkeiten. In: Didaktik Deutsch 20, 38, S. 40–59.
https://doi.org/10.25656/01:15004 (Stand: 9.7.2024)

3.4.2 Umgang mit emotionalen und gesellschaftspolitischen Herausforderungen

3.4.2.1 Ängste und Sorgen

874. ASBRAND, Julia/SCHMITZ, Julian (2023): Krise? Ängste und Sorgen von Kindern. In: Die Grundschule 55, 5, S. 14–17

875. KIRSCH, Raphael (2023): Kinder durch Krisen begleiten. In: Die Grundschule 55, 5, S. 48.

876. LOHRMANN, Katrin/PFEIFFER, Elena (2022): Grundlegende Bildung – Schulbetrieb unter Pandemiebedingungen. In: Die Grundschule 54, 5, S. 30–31.

877. LÜSCHEN, Iris (2015): Der Klimawandel in den Vorstellungen von Grundschulkindern. Wahrnehmung und Bewertung des globalen Umweltproblems. Baltmannsweiler: Schneider Verlag Hohengehren.

878. LÜSCHEN, Iris (2024): Klimawandel und Grundschulkinder. In: Braches-Chyrek, Rita/Röhner, Charlotte/Moran-Ellis, Jo/Sünker, Heinz (Hg.): Handbuch Kindheit, Ökologie und Nachhaltigkeit. Opladen/Toronto: Budrich, S. 237–246.

879. MELFSEN, Siebke/WALITZA, Susanne (2023): Angst in der Schule. Grundlegende Perspektiven und Anregungen zum Umgang mit Ängsten. In: Die Grundschulzeitschrift 342, S. 8–13.

880. ROLLETSCHEK, Helga (2023): Achtsamkeit gegen Zukunftsängste. In: Die Grundschule 55, 3, S. 30–31.

881. VOLTMER, Katharina/VON SALISCH, Maria (2023): Coronabezogene Zukunftsangst bei Grundschulkindern im Verlauf von 8 Monaten der Pandemie. In: Praxis der Kinderpsychologie und Kinderpsychiatrie 72, 4, S. 305–322.
https://doi.org/10.13109/prkk.2023.72.4.305 (Stand: 9.7.2024)

3.4.2.2 Sterben und Trauer

882. Bosold, Iris (2008): Mit Kindern über Leid und Tod Sprechen. Anhand von Eric-Emmanuel Schmitt, Oskar und die Dame in Rosa. In: Katechetische Blätter 133, 6, Praxisbeilage.

883. Bretschneider, Bianca/Graf, Susan (2016): Juna und Norwin reisen durch das Leben – Mit Vorschulkindern über Abschied, Tod und Trauer sprechen. Ein multidimensionales Weiterbildungskonzept für Vorschulkinder, Eltern, Ehrenamtliche und Erzieher. In: Zeitschrift für Palliativmedizin 17, 5, S. 1–59.
https://doi.org/10.1055/s-0036-1594223 (Stand: 9.7.2024)

884. Erlbruch, Wolf (2007): Ente, Tod und Tulpe. München: Kunstmann.

885. Gärtner, Verena/Grässler, Melanie/Botved, Annika (2022): Leben ohne Mama Maus. Ein Kinderfachbuch über Suizid in der Familie. Frankfurt a. M.: Mabuse.

886. Godbersen-Wittich, Gesa/Harfst, Ursula (2003): Tod und Sterben Eine Unterichtseinheit für die vierte Klasse. In: Loccumer Pelikan 4, 3, S. 187–191.
https://www.rpi-loccum.de/damfiles/default/rpi_loccum/Materialpool/Pelikan/Pelikanhefte/pelikan4_03-ddaa7a4e1be6c732147e81039dd5d9f7.pdf (Stand: 12.4.2024)

887. Grenz, Reinhard/Weber, Klaus Heiner (1998): Solange jemand an sie denkt... Mit Kindern über den Tod Sprechen. In: forum religion 1, S. 11–23.

888. Grieser, Jürgen (2023): Über den Tod sprechen. In: Forum der Psychoanalyse 39, S. 189–203.
https://doi.org/10.1007/s00451-023-00500-4 (Stand: 9.7.2024)

889. Hofstetter, Lisbeth (2003): Mit Schülern über den Tod und das „Danach" sprechen. Nach der Hoffnung fragen. Elemente zur Verarbeitung von Todesfällen. In: RL – Zeitschrift für Religionsunterricht und Lebenskunde 32, 1, S. 13–16.

890. Honeder, Britta/Herzina-Rusch, Mirella (2021): Tante Tillys Tod. Ein Kinderfachbuch übers Abschiednehmen und Zu-Hause-Sterben-Dürfen. Frankfurt a. M.: Mabuse.

891. Magdeburg, Lena (2023): Tod mit Kindern thematisieren. In: Die Grundschule 55, 5, S. 18–20.

892. Moritz, Andrea/Gerke, Sabine (2001): Tod und Sterben Kindern erklärt. Gütersloh: Gütersloher Verlagshaus.

893. NIETHAMMER, Dietrich (2005): Soll man mit schwerkranken Kindern über den Tod reden? In: Zeitschrift für medizinische Ethik 51, 2, S. 115–128.

894. RAIMBAULT, Ginette/HARNISCH, Rainer (1981): Kinder Sprechen vom Tod. Klinische Probleme der Trauer. Frankfurt a. M.: Suhrkamp.

895. SCHWARZ, Elisabeth (2003): Die Entwicklung des kindlichen Sterblichkeitswissens. In: Loccumer Pelikan 4/03, S. 197–202.
https://www.rpi-loccum.de/damfiles/default/rpi_loccum/Materialpool/Pelikan/Pelikanhefte/pelikan4_03.pd (Stand: 12.6.2024)

896. TAUSCH-FLAMMER, Daniela/BICKEL, Lis (2000): Wenn Kinder nach dem Sterben fragen. Ein Begleitbuch für Kinder, Eltern und Erzieher. Freiburg i. Br./Basel/Wien: Herder.

897. WINTER, Stephanie (2018): Jeden Tag ein kleiner Abschied. Trauernde Kinder im Kontext inklusionssensibler Pädagogik. In: Rumpf, Dietlinde/Winter, Stephanie (Hg.): Kinderperspektiven im Unterricht. Wiesbaden: Springer VS, S. 91–102.

3.4.2.3 Sprechen über politische Konflikte und Krieg

898. GÖTZMANN, Anke (2015): Entwicklung politischen Wissens in der Grundschule. Wiesbaden: Springer.

899. KALLWEIT, Nina (2019): Kindliches Erleben von Krieg und Frieden. Eine phänomenografische Untersuchung im politischen Lernen des Sachunterrichts. Wiesbaden: Springer.
https://doi.org/10.1007/978-3-658-24915-1 (Stand: 9.7.2024)

900. LIEBENEHM, Frauke (2023): Sorgen teilen – Hoffnung stärken. Mit Kindern über Krieg und Frieden sprechen. In: Grundschule Religion 82, S. 2–4.

901. STIFTUNG DENKMAL FÜR DIE ERMORDETEN JUDEN EUROPAS (o. J.): Verfolgung von Jugendlichen im Nationalsozialismus – Eine Online-Ausstellung.
https://www.verfolgung-von-jugendlichen-im-ns.de (Stand 12.6.2024)

902. WIELAND, Joachim (2019): Was man sagen darf: Mythos Neutralität in Schule und Unterricht.
https://www.bpb.de/themen/bildung/dossier-bildung/292674/was-man-sagen-darf-mythos-neutralitaet-in-schule-und-unterricht/ (Stand: 12.6.2024)

3.5 Classroom-Management: Lernen in solidarischen Umgebungen

3.5.1 Selbstreflexion und Resilienz

903. BOLL, Tina (2022): Übungen für eine achtsame Persönlichkeit. In: Die Grundschule 54, 6, S. 42–48.

904. Boll, Tina (2023): Mit Selbstmitgefühl Ausgleich finden. In: Die Grundschule 55, 4, S. 42–48.

905. Clahes, Lydia (2023): Positiven Lehrer:innenalltag gestalten. In: Die Grundschule 55, 2, S. 36–39.

906. Oetjen, Birte/Elting, Christian/Wiederseiner, Victoria/Baumann, Rebecca/Martschinke, Sabine (2022): Das Gleichgewicht finden. Übungen zur Reflexion der Erwartungsvielfalt grundlegender Bildung und eigener Ressourcen zum Erhalt der Lehrkraftgesundheit. In: Die Grundschule 54, 5, S. 34–41.

907. Sommer, Dieter (2023): Digitale Resilienz. In: Die Grundschule 55, 4, S. 36–40.

908. Vogelsänger, Peter (2018): „Das ist ja interessant…" – Achtsamkeit, Meditation und (Selbst-)Mitgefühl in der pädagogischen Praxis. In: Rumpf, Dietlinde/Winter, Stephanie (Hg.): Kinderperspektiven im Unterricht. Wiesbaden: Springer VS, S. 23–37.

3.5.2 Klassen- und Schulklima

909. Bertelsmann Stiftung (Hg.) (2024): Weniger Geburten, mehr Lehrkräfte. Spielraum für die Grundschulentwicklung. Gütersloh: Bertelsmann Stiftung.
https://doi.org/10.11586/2024002 (Stand: 9.7.2024)

910. Bönsch, Manfred (2010): Außerschulisches Lernen. Eine Topologie der Lernorte. In: Die Grundschule 42, 1, S. 34–36.

911. Burow, Olaf-Axel (2023): Positive Pädagogik: Die Macht der guten Gefühle. In: Die Grundschule 55, 2, S. 7–12.

912. Carle, Ursula/Metzen, Heinz (2014): Wie wirkt Jahrgangsübergreifendes Lernen? Internationale Literaturübersicht zum Stand der Forschung, der praktischen Expertise und der pädagogischen Theorie. Eine wissenschaftliche Expertise des Grundschulverbandes. Frankfurt a. M.: Grundschulverband.
https://doi.org/10.25656/01:18829 (Stand: 9.7.2024)

913. Fajtak, Ulrike/Schmidt-Hönig, Kerstin (Hg.) (2019): Schuleingangsphase erleben und gestalten. Pädagogische und didaktische Beiträge. Wien: LIT.

914. Fend, Helmut (2008): Schule gestalten. Systemsteuerung, Schulentwicklung und Unterrichtsqualität. Wiesbaden: VS Verlag für Sozialwissenschaften.
https://doi.org/10.1007/978-3-531-90867-0 (Stand: 9.7.2024)

915. Gotta, Maike (2011): Das Kind im Mittelpunkt. Entwicklung des eigenen Unterrichtskonzepts. In: Die Grundschulzeitschrift 25, 245/246, S. 36–40.

916. GRÄSEL, Cornelia (2014): Lernumwelten in Schulen. In: Krapp, Andreas/Weidenmann, Bernd (Hg.): Pädagogische Psychologie. Mit Online-Materialien zum Download. 6., vollst. überarb. Aufl. Weinheim/Basel: Beltz, S. 407–432.

917. GREWE, Norbert (2003): Aktive Gestaltung des Klassenklimas. Eine empirische Interventionsstudie. Münster: Lit.

918. HATTO, Christian (2003): Das Klassenklima fördern. Ein Methoden-Handbuch. Berlin: Cornelsen.

919. HECKMANN, Cordula/WENZEL, Sascha/EICHHOLZ, Christina (2023): Nicht Klassen unterrichten, sondern Kinder. In: Die Grundschule 55, 1, S. 22–26.

920. HENRICH, Nicole (2012): Politisch-gesellschaftliches Bewusstsein am Übergang vom Kindergarten zur Grundschule. Interviews mit Kindern einer Schuleingangsstufe. Münster: Monsenstein und Vannerdat.

921. HUBER, Florian/RICHERT, Peggy/SCHWARZER, Catana (2008): Prima Klima? Wie man es feststellen und verbessern kann. In: Lernchancen 11, 63, S. 32–35.

922. JAKOBI, Ruth (2023): Ein Plädoyer: Schule als Gemeinschaft der Forschenden. In: Die Grundschule 55, 3, S. 40–43.

923. JEGLINSKY, Constanze (2013): Die Insel FLEX und wir darauf. Eine qualitative Untersuchung zur flexiblen Schuleingangsphase in Brandenburg. Bad Heilbrunn: Klinkhardt.

924. JÜRGENS, Eiko (2009): Die ‚neue' Reformpädagogik und die Bewegung Offener Unterricht. Theorie, Praxis und Forschungslage. 7., unveränd. Aufl. Sankt Augustin: Academia.

925. JÜRGENS, Eiko (2006): Lebendiges Lernen in der Grundschule. Ideen und Praxisbausteine für einen schüleraktiven Unterricht. Weinheim/Basel: Beltz.

926. KLEINKNECHT, Marc (2010): Lernumgebung und Aufgabenkultur reflektieren und weiterentwickeln. In: Knapp, Werner/Rösch, Heidi (Hg.): Sprachliche Lernumgebungen gestalten. Freiburg i. Br.: Fillibach, S. 13–23.

927. KRÄUSSLEIN-LEIB, Karina (2010): Eine neue Lernkultur (Teil 1). Lernen und Lerntheorien – Veränderungen im Wandel der Zeit. In: Die Grundschule 42, 10, S. 46–47.

928. KRÄUSSLEIN-LEIB, Karina (2010): Eine neue Lernkultur (Teil 2). Merkmale einer neuen Lernkultur. In: Die Grundschule 42, 10, S. 42–43.

929. LAMBRICH, Hans-Jürgen (1997): Die Eingangsstufe als „Caring Community" und das altersgemischte Lernen. Die Neubegründung eines reformpädagogischen Prinzips. In: Die Grundschulzeitschrift 11, 104, S. 58–63.

930. LICHTBLAU, Michael (2022): Achtsam den kindlichen Interessen begegnen. Schule achtet Interessen noch zu wenig. In: Die Grundschule 54, 6, S. 10–12.

931. LIEBERS, Katrin (2022): Caring Community als Unterstützung für herausgeforderte Schulen. In: Die Grundschule 54, 4, S. 29–31.

932. MEISSNER, Doris (2022): Gesund bleiben durch Achtsamkeit. In: Die Grundschule 54, 6, S. 38–41.

933. NÖLDNER, Insa (2022): Folgen von Achtsamkeitsübungen in der Schule. In: Die Grundschule 54, 6, S. 16–17.

934. NÖLDNER, Insa (2022): Drei Monate Achtsamkeit. Wie sich regelmäßige Übungen auf die Selbstregulation auswirken. In: Die Grundschule 54, 6, S. 30–31.

935. POHLMANN-ROTHER, Sanna/FRANZ, Ute/LANGE, Sarah (Hg.) (2020): Kooperation von KiTa und Grundschule. Bd. 1: Einblicke in die Forschung – Perspektiven für die Praxis. 2., überarb. u. erw. Aufl. Köln: Link.

936. POHLMANN-ROTHER, Sanna/FRANZ, Ute/LANGE, Sarah (Hg.) (2020): Kooperation von KiTa und Grundschule. Bd. 2: Digitalisierung, Inklusion und Mehrsprachigkeit – Aktuelle Herausforderungen beim Übergang bewältigen. Köln: Link.

937. POLAT-MENKE, Selma (2022): Ein Schirm über dem Herzen. In: Die Grundschule 54, 6, S. 18–19.

938. PROSSOWSKY, Petra (2014): Mit Yoga durch das Grundschuljahr. Yogaübungen mit Monatsversen und Bewegungsgeschichten für den Anfangsunterricht. Mülheim a. d. R.: Verlag an der Ruhr.

939. RASFELD, Margret (2022): Was wirklich zählt. In: Die Grundschule 54, 6, S. 23–25.

940. REINMANN, Gabi/WEIDENMANN, Bernd (2006): Unterrichten und Lernumgebungen gestalten. In: Krapp, Andreas/Seidel, Tina (Hg.): Pädagogische Psychologie. Ein Lehrbuch. 5., vollst. überarb. Aufl. Weinheim/Basel: Beltz, S. 613–658.
https://www.researchgate.net/profile/Heinz-Mandl/publication/252065718_Unterrichten_und_Lernumgebungen_gestalten/links/56498f0e08ae54697fbe7054/Unterrichten-und-Lernumgebungen-gestalten.pdf (Stand: 12.6.2024)

941. REISCH, Renate/SCHWARZ, Guido (2004): Klassenklima – Klassengemeinschaft. Soziale Kompetenz erwerben und vermitteln! Wien: öbv & hpt.

942. SAALFRANK, Wolf-Thorsten (2023): Im Flow – Mit Freude lernen. In: Die Grundschule 55, 2, S. 14–20.

943. SCHMIELING-BUROW, Christel/BUROW, Olaf-Axel (2023): Zuversicht entwickeln mit positiven Bildern. In: Die Grundschule 55, 2, S. 40–49.

944. SCHNEIDER, Patrizia (2023): Glück kann man lernen. In: Die Grundschule 55, 2, S. 22–24.

945. SCHRATZ, Michael (2022): Achtsamkeit und Resonanz in der pädagogischen Bildung. In: Die Grundschule 54, 6, S. 13–15.

946. STEEN-DRECHSLER, Maren (2022): Im Einklang mit sich selbst und der Umwelt. In: Die Grundschule 54, 6, S. 26–29.

947. WANNACK, Evelyne/HERGER, Kirsten (2021): Classroom Management in der Eingangsstufe. Eine empirische Studie. Münster: Waxmann.

948. WYSS, Katharina (2022): Praxistest: MeTAzeit-Karten für Meditation und Achtsamkeit. In: Die Grundschule 54, 6, S. 34–37.

949. ZIEGLER, Sina (2023): So geht „Schulfach Glück". In: Die Grundschule 55, 2, S. 26–33.

3.5.3 Schulische Interaktionskonstellationen

3.5.3.1 Peer to peer: Schulkinder

950. BOCK, Karin (2010): Kinderalltag – Kinderwelten. Rekonstruktive Analysen von Gruppendiskussionen mit Kindern. Opladen: Budrich.

951. DE BOER, Heike (2011): „Aber Anna ist dran!" Klassenrat: Kinder im Dialog. In: Die Grundschulzeitschrift 25, 245/246, S. 74–77.

952. FLOOK, Lisa/GOLDBERG, Simon B./PINGER, Laura/DAVIDSON, Richard J. (2015): Promoting prosocial behavior and self-regulatory skills in preschool children through a mindfulness-based kindness curriculum. In: Developmental Psychology 51, 1, S. 44–51.

953. HAUSER, Stefan/LUGINBÜHL, Martin (2015): Aushandlung von Angemessenheit in Entscheidungsdiskussionen von Schulkindern. In: Aptum. Zeitschrift für Sprachkritik und Sprachkultur 11, 2, S. 180–189.

954. HAUSER, Stefan/LUGINBÜHL, Martin (2016): Überlegungen zur (didaktischen) Relevanz der Medialität am Beispiel des mündlichen Argumentierens. In: Zhu, Jianhua/Zhao, Jin/Szurawitzki, Michael (Hg.): Akten des XIII. Internationalen Germanistenkongresses Shanghai 2015. Germanis-

tik zwischen Tradition und Innovation. (= Publikationen der internationalen Vereinigung für Germanistik 22). Bern: Lang, S. 161–165.
https://edoc.unibas.ch/44952/ (Stand: 9.7.2024)

955. HAUSER, Stefan/LUGINBÜHL, Martin (2017): Wenn Kinder argumentieren. Grundlagen und erste Befunde einer Studie zur mündlichen Argumentationskompetenz von Schulkindern. In: Meißner, Iris/Wyss, Eva Lia (Hg.): Begründen – Erklären – Argumentieren. Konzepte und Modellierungen in der Angewandten Linguistik. Tübingen: Stauffenburg, S. 89–105.
http://edoc.unibas.ch/54633/ (Stand: 9.7.2024)

956. HAUSER, Stefan/KREUZ, Judith (2018): Mündliches Argumentieren in der Schule zwischen pragmatischen Spielräumen und didaktischen Normsetzungen. In: Albert, Georg/Diao-Klaeger, Sabine (Hg.): Mündlicher Sprachgebrauch zwischen Normorientierung und pragmatischen Spielräumen. Tübingen Stauffenburg, S. 179–199.
https://edoc.unibas.ch/68700/ (Stand: 9.7.2024)

957. HELLER, Vivien/LUGINBÜHL, Martin/ARENDT, Birte (2020): Becoming skilled at explaining and arguing. The role of co-construction and multimodality. In: Research on Children and Social Interaction 4, 1, S. 1–6.
https://doi.org/10.1558/rcsi.17831 (Stand: 9.7.2024)

958. HOMEIER, Schirin (2022): Die verflixte Verwandlungsmaschine. Ein Kinderfachbuch gegen Schubladendenken und für eine starke Klassengemeinschaft. Frankfurt a. M.: Mabuse.

959. KATZ-BERNSTEIN, Nitza/LENGNING, Anke/QUASTHOFF, Uta M./SCHRÖDER, Anja/STUDE, Juliane (2012): Das Dortmunder Beobachtungsinstrument zur Interaktion und Narrationsentwicklung (DO-BINE). In: Frühe Bildung 1, 3, S. 131–136.
https://doi.org/10.1026/2191-9186/a000045 (Stand: 9.7.2024)

960. KREUZ, Judith/LUGINBÜHL, Martin (2020): From flat propositions to deep co-constructed and modalized argumentations. Oral argumentative skills among elementary school children from grades 2 to 6. In: Research on Children and Social Interaction 4, 1, S. 93–114.
https://doi.org/10.1558/rcsi.12416 (Stand: 9.7.2024)

961. KREUZ, Judith/MUNDWILER, Vera (2017): „verbAndskasten!MÜS!sen wir haben". Zum argumentativen Potenzial von Prosodie am Beispiel von Einigungsdiskussionen bei Grundschulkindern. In: Studia Linguistica 35, S. 99–118.
https://doi.org/10.19195/0137-1169.35.6 (Stand: 12.6.2024)

962. KREUZ, Judith/MUNDWILER, Vera (2018): Collaborative decision-making in argumentative group discussions among primary school children. In: Oswald, Steve/Herman, Thierry/Jacquin, Jérôme (Hg.): Argumentation

and language. Linguistic, cognitive and discursive explorations. (= Argumentation Library 32). Cham: Springer, S. 263–285. https://doi.org/10.1007/978-3-319-73972-4 (Stand: 9.7.2024)

963. KREUZ, Judith/LUGINBÜHL, Martin/MUNDWILER, Vera (2017): Mündliches Argumentieren im Spannungsfeld zwischen Kollaboration und Abgrenzung. Zu lokalen Gruppenidentitäten in schulischen Einigungsdiskussionen. In: Bulletin VALS-ASLA, Sonderausgabe 2, S. 147–159. http://edoc.unibas.ch/58086/ (Stand: 10.7.2024)

964. KREUZ, Judith/LUGINBÜHL, Martin/MUNDWILER, Vera (2019): Gesprächsorganisation in argumentativen Peer-Gesprächen von Schulkindern. In: Bose, Ines/Hannken-Illjes, Kati/Kurtenbach, Stephanie (Hg.): Kinder im Gespräch – mit Kindern im Gespräch. (= Schriften zur Sprechwissenschaft und Phonetik 16). Berlin: Frank & Timme, S. 33–62

965. KREUZ, Judith (2021): Ko-konstruiertes Begründen unter Kindern. Eine gesprächsanalytische Studie von Kleingruppeninteraktionen in der Primarschule. (= Stauffenburg Linguistik 120). Tübingen: Stauffenburg. https://edoc.unibas.ch/83383/ (Stand: 10.7.2024)

966. KUCHARZ, Diemut/WAGENER, Matthea (2007): Jahrgangsübergreifendes Lernen. Eine empirische Studie zu Lernen, Leistung und Interaktion von Kindern in der Schuleingangsphase. Baltmannsweiler: Schneider Verlag Hohengehren.

967. KÜPPERS, Nicola (2023): Beteiligung schaffen. In: Die Grundschule 55, 3, S. 26–29

968. LAGING, Ralf (2010): Altersheterogenität und Helfen – eine Untersuchung in der Schuleingangsphase der Reformschule Kassel. In: Laging, Ralf (Hg.): Altersgemischtes Lernen in der Schule. Baltmannsweiler: Schneider Verlag Hohengehren, S. 54–71.

969. MÜLLER-FELDMETH, Daniel/KOCH, Tamara/WANDERON, Chantal/LUGINBÜHL, Martin (2022): 'Yes, we're done' – 'except Ricardo'. Using speech, body and artefacts to perform inclusion and exclusion in peer discussions. In: Research on Children and Social Interaction 6, 2, S. 230–266. https://doi.org/10.1558/rcsi.23791 (Stand: 10.7.2024)

970. MUNDWILER, Vera/KREUZ, Judith/HAUSER, Stefan/ERIKSSON, Brigit/LUGINBÜHL, Martin (2017): Mündliches Argumentieren als kommunikative Praktik. Schulbuchübungen und empirische Befunde im Vergleich. In: Hauser, Stefan/Luginbühl, Martin (Hg.) (2017): Gesprächskompetenz in schulischer Interaktion. Normative Ansprüche und kommunikative Praktiken. (= Mündlichkeit 5). Bern: hep, S. 91–119.

971. QUASTHOFF, Uta M./STUDE, Juliane (2021): Children's narrative interactions. Practices – competences – acquisition. In: Narrative Inquiry 31, 1, S. 147–162.
https://doi.org/10.1075/ni.20103.qua (Stand: 10.7.2024)

972. STUDE, Juliane (2009): Sprachspiele unter Vorschulkindern. Interaktive Strukturen und Erwerbsfunktionen. In: Anz, Thomas/Kaulen, Heinrich (Hg.): Literatur als Spiel. Evolutionsbiologische, ästhetische und pädagogische Konzepte. (= Spectrum Literaturwissenschaft 22). Berlin: De Gruyter, S. 715–728.

973. STUDE, Juliane (2010): Gespräche führen – (k)ein Kinderspiel. Eine Untersuchung zum Erwerb diskursiver Fähigkeiten im Vorschulalter. In: Fröhlich-Gildhoff, Klaus/Nentwig-Gesemann, Iris/Strehmel, Petra (Hg.): Forschung in der Frühpädagogik. 3. Schwerpunkt: Sprachentwicklung & Sprachförderung. (= Materialien zur Frühpädagogik 5). Freiburg i. Br.: FEL-Verlag, S. 165–192.

974. WAGENER, Matthea/KUCHARZ, Diemut (2009): Hineinwachsen in den Unterrichtsalltag. Jahrgangsmischung als Chance für jüngere und ältere Kinder. In: Die Grundschulzeitschrift 23, 221, S. 16–19.

975. WEISSENFELS, Ilona K. (2015): Soziales Lernen im Anfangsunterricht. Stuttgart: Kohlhammer.

3.5.3.2 Wertschätzung, Feedback und Bewertung: Lehrer:innen interagieren mit Kindern

976. ABRAHAM, Ulf/KNOPF, Julia (2021): Einschätzen, Rückmelden und Bewerten – Zum Umgang mit Unterrichtsergebnissen. In: Abraham, Ulf/Knopf, Julia (Hg.): Deutsch – Didaktik für die Grundschule. 7., aktual. Neuaufl. Berlin: Cornelsen, S. 277–283.

977. BECKER-MROTZEK, Michael (2011): Im Unterricht Gespräche führen. Gesprächskompetenz entwickeln. In: Die Grundschulzeitschrift 25, (245–246), S. 63–67.
https://www.degruyter.com/database/IBZ/entry/ibz.ibzEx_20130125_2183/html (Stand: 12.6.2024)

978. BECKER-MROTZEK, Michael/VOGT, Rüdiger (2009): Unterrichtskommunikation. Linguistische Analysemethoden und Forschungsergebnisse. 2., bearb. und aktual. Aufl. (= Germanistische Arbeitshefte 38). Tübingen: Niemeyer.
https://doi.org/10.1515/9783110231724 (Stand:19.6.2024)

979. BECKER-MROTZEK, Michael/WEBER, Peter (2020): Unterrichtsgespräche – lernförderlich, anregend und partizipativ. In: Die Grundschule 52, 3, S. 6–11.
https://www.degruyter.com/database/IBZ/entry/ibz.154922/html (Stand: 19.6.2024)

980. BETZ, Bettina/BÜLOW, Karin von (2022): Unterstützung nötig – Lernen und Persönlichkeit fördern. In: Die Grundschule 54, 5, S. 42–46.

981. BOLZ, Tijs (2022): Beziehungsgestaltung im inklusiven Grundschulunterricht. In: Die Grundschule 54, 1, S. 50–53. [Tags: Inklusion]

982. BÖRJESSON, Kristin (2018): Unterrichtskommunikation. In: Liedtke, Frank/Tuchen, Astrid (Hg.): Handbuch Pragmatik. Stuttgart: Metzler, S. 394–404.
https://doi.org/10.1007/978-3-476-04624-6_38 (Stand: 19.6.2024)

983. BREMERICH-VOS, Albert (2011): Die Bildungsstandards Deutsch. In: Bremerich-Vos, Albert/Granzer, Dietlinde/Behrens, Ulrike/Köller, Olaf (Hg.): Bildungsstandards für die Grundschule: Deutsch konkret. Berlin: Cornelsen, S. 14–42.

984. BREMERICH-VOS, Albert/GRANZER, Dietlinde/BEHRENS, Ulrike/KÖLLER, Olaf (Hg.) (2011): Bildungsstandards für die Grundschule: Deutsch konkret. Berlin: Cornelsen.

985. BREUNINGER, Helga (2022): Den Potenzialblick entwickeln. In: Die Grundschule 54, 6, S. 7–8.

986. EICHHORN, Christoph (2022): In vier Schritten zu gelungenen Beziehungen. In: Die Grundschule 54, 1, S. 40–49.

987. ERIKSSON, Brigit (2009): Bildungsstandards für die Grundschule. In: Becker-Mrotzek, Michael (Hg.): Mündliche Kommunikation und Gesprächsdidaktik. (= Deutschunterricht in Theorie und Praxis 3). Baltmannsweiler: Schneider Verlag Hohengehren, S. 144–159.

988. GRANZER, Dietlinde/KÖLLER, Olaf/BREMERICH-VOS, Albert/HEUVEL-PANHUIZEN, Marja van den/REISS, Kristina/WALTHER, Gerd (Hg.) (2009): Bildungsstandards Deutsch und Mathematik. Leistungsmessung in der Grundschule. Weinheim/Basel: Beltz.

989. GRANZER, Dietlinde/SCHÜLLER, Birgit (2011): Ein Schritt zurück in die Zukunft. Die nächsten Vergleichsarbeiten stehen bevor. In: Die Grundschule 43, 4, S. 6–9.

990. HASEL, Verena Friederike (2022): So kann Schule auch sein. Wie GrundschülerInnen Buchstaben (und sich selbst) lieben lernen. In: Die Grundschule 54, 5, S. 23–25.

991. Hauser, Stefan/Luginbühl, Martin (Hg.) (2017): Gesprächskompetenz in schulischer Interaktion. Normative Ansprüche und kommunikative Praktiken. (= Mündlichkeit 5). Bern: hep.

992. Hüttis-Graff, Petra (2005): Lernen und Leisten: Kompetenz erschließen – Leistung messen. In: Dehn, Mechthild/Hüttis-Graff, Petra (Hg.): Kompetenz und Leistung im Deutschunterricht. Spielraum für Muster des Lernens und Lehrens. Freiburg i. Br.: Fillibach, S. 33–52.

993. Jaekel, Ann-Kathrin/Scheiter, Katharina/Göllner, Richard (2021): Distance teaching during the COVID-19 crisis: Social connectedness matters most for teaching quality and students' learning. In: AERA Open. https://doi.org/10.1177/23328584211052050 (Stand: 10.7.2024)

994. John, Jasmina (2024): Partizipationsräume im Deutschunterricht. Wie Lehrende Schüler/innen am Unterricht beteiligen – eine multimodale Interaktionsanalyse. Göttingen: Verlag für Gesprächsforschung. http://verlag-gespraechsforschung.de/2024/john.html (Stand: 2.10.2024)

995. Jürgens, Eiko (2010): Leistung und Beurteilung in der Schule. Eine Einführung in Leistungs- und Bewertungsfragen aus pädagogischer Sicht. 7., überarb. Aufl. Sankt Augustin: Academia.

996. Jürgens, Eiko (2011): Verständnis der Leistungsüberprüfung und Leistungsbeurteilung. In: Sacher, Werner/Winter, Falix (Hg.): Diagnose und Beurteilung von Schülerleistungen. Baltmannsweiler: Schneider Verlag Hohengehren, S. 11–26.

997. Knickenberg, Margarita (2018): Feedback und Attributionen im Grundschulunterricht: Bedeutung für Motivationen und Lesekompetenzen. Wiesbaden: Springer VS. [Tags: Lesen]

998. Kirk, Sabine (2009): Mündliche Leistungen. Ein wichtiger Bestandteil der Leistungsbeurteilung. In: Die Grundschule 41, 3, S. 44–46.

999. Avenarius, Hermann/Blum, Werner/Döbrich, Peter/Gruber, Hans/Prenzel, Manfred/Reiss, Kristina/Riquarts, Kurt/Rost, Jürgen/Tenorth, Heinz-Elmar/Vollmer, Helmut J. (Hg.) (2003): Zur Entwicklung nationaler Bildungsstandards. Eine Expertise. Bonn/Berlin: Bundesministerium für Bildung und Forschung. https://doi.org/10.25656/01:20901 (Stand: 13.11.2024)

1000. Klieme, Eckhard (2005): Bildungsqualität und Standards. Anmerkungen zu einem umstrittenen Begriffspaar. In: Becker, Gerold (Hg.): Standards. Unterrichten zwischen Kompetenzen, zentralen Prüfungen und Vergleichsarbeiten. (= Friedrich Jahresheft XXIII). Seelze: Friedrich, S. 6–7.

1001. KÖLLER, Olaf/Granzer, Dietlinde (2011): Bildungsmonitoring im Fach Deutsch in der Grundschule aufder Basis der Bildungsstandards. In: Bremerich-Vos, Albert/Granzer, Dietlinde/Behrens, Ulrike/Köller, Olaf (Hg.): Bildungsstandards für die Grundschule: Deutsch konkret. 3. Aufl. Berlin: Cornelsen, S. 217–223.

1002. NAUGK, Nadine (2021): Den Kindern ein Sprachvorbild sein. Sich selbst und die Lernenden im Gespräch beobachten. In: Grundschule Deutsch 72, 12, S. 10–13.

1003. POTTHOFF, Ulrike/STECK-LÜSCHOW, Angelika/ZITZKE, Elke (2008): Gespräche mit Kindern. Gesprächssituationen. Interaktionsfähigkeiten. Methoden und Übungen für die Klassen 1 bis 4., überarb. Neuausg. Berlin: Cornelsen Scriptor.

1004. RATHMANN, Claudia/ISENBECK, Christiane (2010): Kompetenzerwartungen und Leistungsbewertung. In: Vach, Karin/Rathmann, Claudia (Hg.): Start in den Unterricht. Deutsch Klasse 3. Seelze: Friedrich, S. 6–9.

1005. RECKE, Sybille (2011): In VERA veritas? Was haben Standards und VERA mit Bildungsqualität zu tun? In: Die Grundschule 43, 4, S. 18–20.

1006. RITZ-FRÖHLICH, Gertrud (1977): Das Gespräch im Unterricht. Anleitung, Phasen, Verlaufsformen. Bad Heilbrunn: Klinkhardt.

1007. STANDOP, Jutta (2009): Eine Kultur des Könnens. Der pädagogische Leistungsbegriff. In: Die Grundschule 41, 7/8, S. 42–44.

1008. STANDOP, Jutta (2009): Die Schwierigkeit der Beurteilung. Beurteilungsfehler in der Leistungsmessung und Bewertung. In: Die Grundschule 41, 9, S. 42–44.

1009. THONKE, Franziska/GROSS Ophoff, Jana/HOSENFELD, Ingmar/ISAAK, Kevin (2008): Kriteriengestützte Erfassung von Schreibleistungen im Projekt VERA. In: Hofmann, Bernhard/Valtin, Renate (Hg.): Checkpoint Literacy. Tagungsband 2 zum 15. Europäischen Lesekongress 2007 in Berlin. Berlin: Deutsche Gesellschaft für Lesen und Schreiben (DGLS), S. 28–35.
https://www.researchgate.net/publication/241109627_Kriteriengestutze_Erfassung_von_Schreibleistungen_im_Projekt_VERA (Stand: 19.6.2024)

1010. WECKEND, Denise/ZIERER, Klaus (2023): Feedback wirksam verwenden. In: Die Grundschule 55, 1, S. 27–31.

1011. WINTER, Felix (2008): Leistungsbewertung. Eine neue Lernkultur braucht einen anderen Umgang mit Schülerleistungen. Baltmannsweiler: Schneider Verlag Hohengehren.

3.5.3.3 Elternarbeit

1012. AICH, Gernot (2011): Professionalisierung von Lehrenden im Eltern-Lehrer-Gespräch. Entwicklung und Evaluation eines Trainingsprogramms. Baltmannsweiler: Schneider Verlag Hohengehren.

1013. BOS, Frauke-Jantje/GROSSMANN, Günter (2012): Ich muss mal eben was mit Ihnen besprechen. Schwierige Gesprächssituationen mit Eltern meistern. Berlin: Raabe.

1014. CLAHES, Lydia (2022): Elternabend geht auch anders. In: Die Grundschule 54, 4, S. 36–37.

1015. CLAHES, Lydia (2022): Leitfaden: Lernentwicklungsgespräch. In: Die Grundschule 54, 4, S. 42–45.

1016. CLAHES, Lydia (2022): Beziehungen per Newsletter pflegen. In: Die Grundschule 54, 4, S. 34–35.

1017. CROZIER, Gill (1999): Parental involvement: Who wants it? In: International Studies in Sociology of Education 9, 3, S. 219–238.
https://doi.org/10.1080/09620219900200045 (Stand: 2.10.2024)

1018. EDER, Katja/HOPPE, Irene (2015): Gemeinsame Sache machen. Eltern als Partner der Leseförderung in der Schulanfangsphase. Ludwigsfelde: Landesinstitut für Schule und Medien Berlin-Brandenburg (LISUM). [Tags: Lesen]

1019. EUNICKE, Nicoletta/BETZ, Tanja (2019): Schüler(innen) in der Gestaltung des Verhältnisses von Grundschule und Familie mitdenken?! Potentiale der Kindheitsforschung für die Elternarbeit an Grundschulen. In: Donie, Christian/Foerster, Frank/Obermayr, Marlene/Deckwerth, Anne/Kammermeyer, Gisela/Lenske, Gerline/Leuchter, Miriam/Wildemann, Anja (Hg.): Grundschulpädagogik zwischen Wissenschaft und Transfer. (= Jahrbuch Grundschulforschung 23). Wiesbaden: Springer VS, S. 251–256.
https://doi.org/10.1007/978-3-658-26231-0_32 (Stand: 2.10.2024)

1020. GARTMEIER, Martin/BAUER, Johannes/NOLL, Anne/PRENZEL, Manfred (2012): Welchen Problemen begegnen Lehrkräfte beim Führen von Elterngesprächen? Und welche Schlussfolgerungen ergeben sich daraus für die Vermittlung von Gesprächsführungskompetenz? In: Die Deutsche Schule 104, 4, S. 374–382.
https://doi.org/10.25656/01:25739 (Stand: 2.10.2024)

1021. HENNING, Claudius/EHINGER, Wolfgang (2003): Das Elterngespräch in der Schule. Von der Konfrontation zur Kooperation. 2., überarb. Aufl. Donauwörth: Auer.

1022. NIECHZIAL, Saskia (2022): Gelingende Elterngespräche. In: Die Grundschule 54, 4, S. 40–41.

1023. Osthoff, Anika (2022): Begleiten statt verbieten. Medienkompetenz und Elternarbeit. In: Die Grundschule 54, 4, S. 46–47.

1024. Pfaff, Annika (2016): Der Übergang vom Elementar- zum Primarbereich in Deutschland aus der Perspektive von Eltern, die in Armut leben. (= Frühpädagogik in Forschung und Praxis 7). Hamburg: Dr. Kovač. [Tags: sozioökonomische Differenzen]

1025. Richter, Bernd (2011): Wenn Eltern sich beschweren… und Lehrer auf die Palme gehen. Wegweiser für Eltern und Lehrkräfte zum professionellen Umgang mit Beschwerden. Baltmannsweiler: Schneider Verlag Hohengehren.

1026. Robbe, Imke (2009): Interkulturelle Elternarbeit in der Grundschule. Die Zusammenarbeit von Schule und Eltern mit Migrationshintergrund unter besonderer Berücksichtigung der Sprachförderung. Oldenburg: BIS.
https://oops.uni-oldenburg.de/890/1/robint09.pdf (Stand: 8.10.2024)

1027. Sacher, Werner (2014): Elternarbeit als Erziehungs- und Bildungspartnerschaft. Grundlagen und Gestaltungsvorschläge für alle Schularten. 2., vollst. überarb. Aufl. Bad Heilbrunn: Klinkhardt.

1028. Seeger, Norbert/Seeger, Rita (2011): Das professionelle Lehrer-Eltern-Gespräch. Ein Praxisbuch für lösungsorientierte, wirkungsvolle Beratungsgespräche. Augsburg: Brigg Pädagogik.

1029. Teumer, Stephanie (2012): Beratung als Herausforderung für Grund- und Förderschullehrkräfte im Spannungsfeld der Neugestaltung des Schulanfangs. Fallporträts im Spiegel des Arbeitsbogenkonzepts. Bad Heilbrunn: Klinkhardt.

1030. Uhlendorff, Harald (2009): Kooperation zwischen Bildungseinrichtungen und Eltern. Ludwigsfelde: Landesinstitut für Schule und Medien Berlin-Brandenburg (LISUM).
https://doi.org/10.25656/01:2798 (Stand: 8.10.2024)

1031. Wasik, Barbara H. (Hg.) (2012): Handbook of family literacy. 2. Aufl. New York: Routledge.

3.5.3.4 Kommunikation im Kollegium

1032. Burow, Olaf-Axel (2022): Team-Flow: Entlastung durch Kooperation und Coaching. In: Die Grundschule 54, 2, S. 34–41.

1033. Fessler, Ulrike (2022): Teams im inklusiven Setting – wie Zusammenarbeit gelingt. In: Die Grundschule 54, 2, S. 42–45.

1034. Peböck, Karl (2020): #twitterlehrerzimmer – Informelles Lernen in Communities of Practice. In: F&E Edition 26, S. 105–116.
https://www.ph-vorarlberg.ac.at/fileadmin/user_upload/RED_SOZ/PDFs/F_E_26/FE26_10_Peboeck.pdf (Stand: 19.6.2024)

3.5.4 Gewaltprävention

1035. Allroggen, Marc/Rau, Thea/Ohlert, Jeannine/Fegert, Jörg M. (2017): Lifetime prevalence and incidence of sexual victimization of adolescents in institutional care. In: Child Abuse & Neglect 66, S. 23–30.

1036. Andresen, Sabine/Gade, Jan David/Grünewalt, Katharina (2015): Prävention sexueller Gewalt in der Grundschule. Erfahrungen, Überzeugungen und Wirkungen aus Sicht von Kindern, Eltern, Lehr- und Fachkräften. Weinheim/Basel: Beltz.

1037. Andresen, Sabine/Tippelt, Rudolf (Hg.) (2018): Sexuelle Gewalt in Kindheit und Jugend. Theoretische, empirische und konzeptionelle Erkenntnisse und Herausforderungen erziehungswissenschaftlicher Forschung. (= Zeitschrift für Pädagogik, Beiheft 64). Weinheim/Basel: Beltz.
https://doi.org/10.25656/01:22304 (Stand: 8.101.2024)

1038. Brzank, Petra/Blättner, Beate/Liepe, Katharina (2013): Gewalt in den ersten Liebesbeziehungen unter Jugendlichen. In: Deutsche Jugend. Zeitschrift für die Jugendarbeit 61, 11, S. 473–482.

1039. Davis, M. Katherine/Gidycz, Christine A. (2000): Child sexual abuse prevention programs: A Meta-Analysis. In: Journal of Clinical Child Psychology 29, 2, S. 257–265.
https://doi.org/10.1207/S15374424jccp2902_11 (Stand: 8.101.2024)

1040. Firnges, Christiane/Amann, Stefanie (2016): Evaluation des Theaterstücks „Trau dich! Ein starkes Stück über Gefühle, Grenzen und Vertrauen" im Rahmen der bundesweiten Initiative zur Prävention des sexuellen Kindesmissbrauchs. In: Bundesgesundheitsblatt – Gesundheitsforschung – Gesundheitsschutz 59, 1, S. 57–65.
https://doi.org/10.1007/s00103-015-2266-7 (Stand: 12.6.2024)

1041. Frans, Erika/Maris, Sanna (2018): Umgang mit sexuellem (grenzüberschreitendem) Verhalten von Kindern und Jugendlichen. In: BZgA Forum 2, S. 43–48.
https://shop.bzga.de/heft-2-2018-praevention-sexualisierter-gewalt-forum-sexualaufklaeru-13329234/ (Stand: 12.6.2024)

1042. Gebrande, Julia (2014): Kinder mit sexualisierten Gewalterfahrungen unterstützen. Bedarfsanalyse von pädagogischen Fachkräften in Kindertageseinrichtungen. Opladen/Berlin/Toronto: Budrich UniPress.

1043. HAGEMANN-WHITE, Carol (1992): Strategien gegen Gewalt im Geschlechterverhältnis: Bestandsanalyse und Perspektiven. (= Forschungsberichte des BIS 4). Pfaffenweiler: Centaurus.

1044. HOCHMUTH, Astrid/PICKEL, Melanie (2009): Gewalt an Grundschulen. Theoretische Betrachtung und Einblicke in die Praxis des Schulalltags. Hamburg: Diplomica.

1045. HOFHERR, Stefan (2018): Sexuelle Gewalterfahrungen von Schülerinnen und Schülern und sexuelle Gewalt als Thema in der Schule. In: BZgA Forum 2, S. 34–37.
https://shop.bzga.de/heft-2-2018-praevention-sexualisierter-gewalt-forum-sexualaufklaeru-13329234/ (Stand: 8.10.2024)

1046. HOFHERR, Stefan/KINDLER, Heinz (2018): Wie Jugendliche auf miterlebte Situationen sexueller Gewalt reagieren. Bystander-Verhalten als möglicher Ansatzpunkt für Prävention? In: Zeitschrift für Soziologie der Erziehung und Sozialisation 38, 2, S. 171–190.

1047. HOFHERR, Stefan/KINDLER, Heinz (2018): Sexuelle Übergriffe in Schulen aus der Sicht von Schülerinnen und Schülern. Zusammenhänge zum Erleben von Schule und der Bereitschaft zur Hilfesuche. In: Zeitschrift für Pädagogik, Beiheft 64, S. 95–110.
https://doi.org/10.25656/01:22311 (Stand: 8.10.2024)

1048. KATZ, Carmit/BARNETZ, Zion (2016): Children's narratives of alleged child sexual abuse offender behaviors and the manipulation process. In: Psychology of Violence 6, 2, S. 223–232.
https://doi.org/10.1037/a0039023 (Stand: 8.10.2024)

1049. KOLLMER, Maria/SANSOUR, Teresa (2022): Verhaltensauffälligkeiten vorbeugen. In: Die Grundschule 54, 2, S. 14–16.

1050. POELCHAU, Heinz-Werner/BRIKEN, Peer/WAZLAWIK, Martin/BAUER, Ullrich/FEGERT, Jörg M./KAVEMANN, Barbara (2015): Bonner Ethik-Erklärung. Empfehlungen für die Forschung zu sexueller Gewalt in pädagogischen Kontexten. Entwickelt im Rahmen der BMBF-Forschungslinie „Sexuelle Gewalt gegen Kinder und Jugendliche in pädagogischen Kontexten".
https://www.bmbf.de/SharedDocs/Downloads/files/ethikerklaerung-1.pdf (Stand: 4.12.2024)

1051. KINDLER, Heinz/DERR, Regine (2018): Prävention von sexueller Gewalt gegen Kinder und Jugendliche. Fortschritte, gegenwärtiger Stand und Perspektiven. In: BZgA Forum 2, S. 3–13.
https://shop.bzga.de/heft-2-2018-praevention-sexualisierter-gewalt-forum-sexualaufklaeru-13329234/ (Stand: 8.10.2024)

1052. LAVOYER, Agota/BALKE, Anna-Lina (2023): Ist das okay? Ein Kinderfachbuch zur Prävention von sexualisierter Gewalt. 3. Aufl. Frankfurt a. M.: Mabuse.

1053. MARX, Konstanze (2023): Cybermobbingprävention ohne Cybermobbingdemonstration. Doppeltes Monitoring als Impuls für den sensibilisierenden Deutschunterricht. In: Mitteilungen des Deutschen Germanistenverbands 70, 3, S. 241–253.

1054. MARX, Konstanze (2022): „junge Leute, die sich im Ton vergreifen" Über metasprachliche Ausweichmanöver. In: Sprachgewalt. Der Deutschunterricht 2/22, S. 56–69.

1055. MARX, Konstanze (2022): Gewaltig. Zum Thema dieser Ausgabe. In: Sprachgewalt. Der Deutschunterricht 2/22, S. 2–4.

1056. MARX, Konstanze (2019): Werkstattbericht über ein Hochschulseminar (Lehramt) zur Ausgestaltung einer Unterrichtseinheit im Fach Deutsch zum Thema „Verbale Gewalt 2.0". In: Beißwenger, Michael/Knopp, Matthias (Hg.): Soziale Medien in Schule und Hochschule: Linguistische, sprach- und mediendidaktische Perspektiven. Frankfurt a. M.: Lang, S. 245–278.
https://www.peterlang.com/document/1068763 (Stand: 12.6.2024)

1057. MARX, Konstanze (2017): Diskursphänomen Cybermobbing. Ein internetlinguistischer Zugang zu [digitaler] Gewalt. Berlin/New York: De Gruyter.

1058. MARX, Konstanze/ZOLLNER, Sebastian (2020): Counter Speech in Sozialen Medien. Strategien digitaler Zivilcourage erlernen und anwenden. In: Deutsch 5–10 Digitale Medien, 63, S. 24–29.

1059. MASCHKE, Sabine/STECHER, Ludwig (2018): Jugendliche und ihre Erfahrungen mit sexualisierter Gewalt. In: BZgA Forum 2, S. 30–33.
https://shop.bzga.de/heft-2-2018-praevention-sexualisierter-gewalt-forum-sexualaufklaeru-13329234/ (Stand: 8.10.2024)

1060. PETERMANN, Franz/KOGLIN, Ute (2013): Aggression und Gewalt von Kindern und Jugendlichen. Hintergründe und Praxis. Berlin/Heidelberg: Springer.
https://doi.org/10.1007/978-3-642-22466-9 (Stand: 8.10.2024)

1061. RÜDIGER, Thomas-Gabriel (2022): Cybergrooming. In: TV Diskurs 26, 1, S. 90–94.
https://mediendiskurs.online/beitrag/cybergrooming-beitrag-1025/ (Stand: 8.10.2024)

1062. RÜDIGER, Thomas-Gabriel (2021): Die Notwendigkeit der Vermittlung von Medienkompetenz bei SchülerInnen und LehrerInnen. In: Schulverwaltung – Fachzeitschrift für Schulentwicklung und Schulmanagement 6, S. 174–177.

1063. RÜDIGER, Thomas-Gabriel (2019): Braucht der Schutz von Kindern und Jugendlichen im Internet eine digitale Generalprävention? In: Kinder- und Jugendschutz in Wissenschaft und Praxis (KJug) 64, 2, S. 56–62.
https://www.kjug-zeitschrift.de/de/Artikel/5850 (Stand: 19.6.2024)

1064. RUMPF, Dietlinde (2018): Wut spielen, nicht wütend sein – Aggressionsprävention im Unterricht der Grundschule. In: Rumpf, Dietlinde/Winter, Stephanie (Hg.): Kinderperspektiven im Unterricht. Wiesbaden: Springer VS, S. 173–189.

1065. SCHUBARTH, Wilfried (2012): Gewalt und Mobbing an Schulen. Möglichkeiten der Prävention und Intervention. 2., überarb. u. erg. Aufl. Stuttgart: Kohlhammer.

1066. UNABHÄNGIGE BEAUFTRAGTE FÜR FRAGEN DES SEXUELLEN KINDESMISSBRAUCHS (2020): Was ist los mit Jaron? Digitaler Grundkurs zum Schutz von Schüler*innen vor sexuellem Missbrauch.
https://www.was-ist-los-mit-jaron.de/log-in/ (Stand: 8.10.2024)

1067. WURTELE, Sandy K./KENNY, Maureen C. (2010): Partnering with parents to prevent childhood sexual abuse. In: Child Abuse Review 19, 2, S. 130–152.
http://dx.doi.org/10.1002/car.1112 (Stand: 8.10.2024)

3.5.5 Rassismusprävention

1068. AKBABA, Yaliz (2014): Interkulturelle Kompetenz im Lehrerzimmer. In: Eisenbraun, Verona/Uhl, Siegfried (Hg.): Geschlecht und Vielfalt in Schule und Lehrerbildung. Münster/New York: Waxmann, S. 75–92.

1069. APRAKU, Josephine (2022): Wie erkläre ich Kindern Rassismus? Rassismussensible Begleitung und Empowerment von klein auf. Berlin: Familiar Faces.

1070. BUNDESVERBAND MOBILE BERATUNG E. V. (Hg.) (2021): Was machen wir denn jetzt?! Zum schulischen und pädagogischen Umgang mit rechten, rassistischen, antisemitischen und antifeministischen Inhalten in Klassenchats.
https://mbr-berlin.de/publikationen/was-machen-wir-denn-jetzt-zum-schulischen-und-paedagogischen-umgang-mit-rechten-rassistischen-antisemitischen-und-antifeministischen-inhalten-in-klassenchats/ (Stand: 8.10.2024)

1071. FAJEMBOLA, Olaolu/NIMINDÉ-DUNDADENGAR, Tebogo (2021): „Gib mir mal die Hautfarbe". Mit Kindern über Rassismus sprechen. Weinheim/Basel: Beltz.

1072. HANGEN, Catharina (2023): Rassismus in Kinderbüchern – Eine Analyse. In: Die Grundschule 55, 1, S. 36–40.
1073. HANGEN, Catharina (2023): Wie Rassismus entsteht und was jede:r tun kann. In: Die Grundschule 55, 1, S. 41–44.
1074. HANGEN, Catharina (2023): Antirassistische und diversitätssensible Bildung möglich machen. In: Die Grundschule 55, 1, S. 45–48.
1075. HÖDL, Saskia/AMOFA-ANTWI, Pia/VÖLKER, Emily Claire (2022): Steck mal in meiner Haut! Antirassismus, Aufklärung und Empowerment. Mit Tipps für Eltern und Pädagog*innen. München: Edition Michael Fischer.
1076. OGETTE, Tupoka (2020): exit RACISM. rassismuskritisch denken lernen. 7. Aufl. Münster: Unrast.

4. Zeitschriften

1077. Bildung und Erziehung
1078. Der Deutschunterricht
1079. Didaktik Deutsch
1080. Die Grundschule
1081. Empirische Sonderpädagogik
1082. Grundschule Deutsch
1083. Grundschulunterricht Deutsch
1084. Praxis Deutsch

5. Unterrichtsmaterialien

1085. MÜLLER, Heiner (2016): Erstes Lesen mit dem Buchstabenprinz. mini-LÜK. Ab 6 Jahren. Braunschweig: Westermann Lernspielverlag.

1086. ALEF, Ruth (2014): Sprache entdecken: Anlaute, Silben, Reime und Sätze: Übungsmaterial ab Klasse 1. Saulgrub: Lernbiene.

1087. AUTORENTEAM KOHL-VERLAG (2015): Lesetexte Frühlingszeit: 3.–6. Schuljahr, Texte in drei Niveaustufen. Kerpen: Kohl.

1088. AUTORENTEAM KOHL-VERLAG (2015): Lesetexte Sommerzeit: 3.–6. Schuljahr, Texte in drei Niveaustufen. Kerpen: Kohl.

1089. BEE, Nadja (2018): Unvergessliche Leseprojekte mit Geling-Garantie: Praxismaterialien zum Vorbereiten und Durchführen von Leseaktionen inner- und außerhalb der Schule. Augsburg: Auer.

1090. BEHNKE, Andrea (2013): Auf dem Bauernhof: spannende Sachtexte für Erstleser, differenzierte Arbeitsblätter mit geschlossenen Aufgabenformaten, [2./3. Klasse]. Hamburg: Persen.

1091. BEHNKE, Andrea (2015): Einfache Sachtexte lesen und verstehen: Texte und Aufgaben zu den Themen Bauernhof, Nacht und Körper für die sonderpädagogische Förderung, [3.–5. Klasse]. Hamburg: Persen.

1092. BRUSKE-KLEIN, Nicole/MENKE, Ulrike (2014): Phonologische Bewusstheit. Grundlagen und mehr als 80 Spiele. Unter Mitarbeit von Swana Seggewiß. München: Don Bosco. [Tags: Lesen]

1093. HAECKER, Birgit/FRISCH, Berit (2016): Kompendium zum Kieler Leseaufbau: eine Schritt-für-Schritt-Anleitung zum Aufbau der Lesekompetenz: mit umfangreichem Zusatzmaterial: Erstlesekurs für die Schuleingangsstufe. Kiel: Veris.

1094. HEIDTKAMP, Monika/HAHNEL, Marion (2013): Knifflige Lese-Fälle mit Theo Tüftel. Mit differenzierten Mini-Krimis Textverständnis und Lesemotivation fördern. Klasse 3/4. Mit CD-ROM. Mülheim a.d.R.: Verlag an der Ruhr.

1095. HOLZWARTH-RAETHER, Ulrike/SCHOLZ, Barbara/MÜLLER-WOLFANGEL, Ute (2015): Das Abc: mein Mitmachbuch. Frankfurt a.M.: Fischer Duden Kinderbuch.

1096. HUGUENIN, Claude/DUBOIS, Olivier (2017): Lesen lernen mit den Alphas: ab 4 Jahren. Braunschweig: Westermann Lernspielverlage.

1097. JANN, Waltraud (2017): Mitzi Punkt und ihre Kinder: spannende Lerninhalte in Reimen zum Vorlesen und Lesen für Kindergarten- und

Volksschulkinder. Krumpendorf: MINI-MAX Verlag für Kinder- und Jugendbücher.

1098. Kasak, Michaela/Schwartz, Gabriele (2018): Ich hab so Lust aufs Lesenlernen! mit richtig guten Lesespielen zum Leseprofi werden, ab Klasse 1, mit Zusatzmaterial zum Download. Friedberg: Brigg.

1099. Kaup, Ulrike/Bettzieche, Uta (2017): Der Buchstaben-Pirat: Abc-Geschichten. Würzburg: Arena.

1100. Klatte, Maria/Steinbrink, Claudia/Bergström, Kirstin/Lachmann, Thomas (2017): Lautarium: ein computerbasiertes Trainingsprogramm für Grundschulkinder mit Lese-Rechtschreibschwierigkeiten: Manual. Göttingen: Hogrefe.

1101. Kröger, Henriette (2016): Hannes und die Müllmonster: inkl. pädagogischem Material. Kempen: Buch Verlag Kempen.

1102. Omarow, Sabine (2014): Eine ziemlich eingebildete Ziege. Lesen, lernen, spielen. Rechtschreibregeln zum Thema „i" und „ie". Borsdorf: Edition Winterwork.

1103. Regelein, Silvia/Imke, Anja (2018): Herr Zahn lernt lesen und schreiben: Alphabetisierungskurs: Deutsch. München: Compact. [Tags: DaZ/DaF, Lesen, Schreiben]

1104. Reichel, Sabine (2013): Silben erforschen. 1. und 2. Klasse. Kempen: BVK.

1105. Schneider, Karen (2019): Von Angsthase bis Zirkuszebra: Lautgeschichten zu jedem Buchstaben des Alphabets. Idstein.: Schulz-Kirchner. [Tags: Erzählen]

1106. Stolz, Ulrike/Kohl, Lynn-Sven (2013): Kreative Lesespiele in der Advents- und Weihnachtszeit. Spielerisch lesen lernen im 2.–4. Schuljahr. Kerpen: Kohl.

1107. Weber, Annette (2018): Aufregende Leseerlebnisse mit 4 Freunden – Klasse 3/4: mit zweifach differenzierten Geschichten und abwechslungsreichem Arbeitsmaterial durch das Schuljahr. Augsburg: Auer.

5.1 Spielen im Unterricht

5.1.1 Literatur zu Spielen

1108. Hauser, Bernhard (2016): Spielen: Frühes Lernen in Familie, Krippe und Kindergarten. (= Entwicklung und Bildung in der frühen Kindheit). 2. Aufl. Stuttgart: Kohlhammer.

1109. Hauser, Bernhard (2021): Spiel in Kindheit und Jugend. Der natürliche Modus des Lernens. Stuttgart: UTB.

1110. HEIMLICH, Ulrich (2015): Einführung in die Spielpädagogik. 3., aktual. u. erw. Aufl. Bad Heilbrunn: Klinkhardt.

1111. WELLNITZ, Philippe (2013): Das Spiel in der Literatur. Berlin: Frank & Timme.

5.1.2 Spiele

1112. BEHNKE, Andrea (2012): Die 50 besten Warm-up-Spiele für Gruppen. (Don Bosco MiniSpielothek). München: Don Bosco.

1113. FRIEDL, Johanna (2012): Die besten Spiele für den Anfangsunterricht. 1. Schuljahr. München: Oldenbourg.

1114. POLIZEI BERLIN-BRANDENBURG (2019): FreeHip. Kooperatives Brettspiel zur Cybermobbingprävention.
https://polizei.brandenburg.de/pressemeldung/neues-brettspiel-macht-nachwuchs-fit/1488496 (Stand: 8.10.2024)

1115. PORTMANN, Rosemarie (2009): Die 50 besten Bewegungsspiele. (Don Bosco MiniSpielothek). München: Don Bosco.

1116. PORTMANN, Rosemarie (2010): Die 50 besten Spiele zu den Kinderrechten. (Don Bosco MiniSpielothek). München: Don Bosco.

1117. PORTMANN, Rosemarie (2011): Die 50 besten Denksportspiele für Kindergruppen. (Don Bosco MiniSpielothek). München: Don Bosco.

1118. PORTMANN, Rosemarie (2011): Die 50 besten Spiele für mehr Selbstvertrauen. (Don Bosco MiniSpielothek). München: Don Bosco.

1119. PORTMANN, Rosemarie (2011): Die 50 besten Spiele für mehr Umweltbewusstsein. (Don Bosco MiniSpielothek). München: Don Bosco.

1120. PORTMANN, Rosemarie (2012): Die 50 besten Spiele für ein faires Miteinander. (Don Bosco MiniSpielothek). München: Don Bosco.

1121. PORTMANN, Rosemarie (2012): Die 50 besten Spiele für mehr Konzentration. (Don Bosco MiniSpielothek). München: Don Bosco.

1122. PORTMANN, Rosemarie (2013): Die 50 besten Spiele zur emotionalen Intelligenz. (Don Bosco MiniSpielothek). München: Don Bosco.

1123. PORTMANN, Rosemarie (2013): Die 50 besten Spiele zur Inklusion. (Don Bosco MiniSpielothek). München: Don Bosco.

1124. PORTMANN, Rosemarie (2013): Grundlagen und mehr als 80 Spiele zur Sozialkompetenz. München: Don Bosco.

1125. PORTMANN, Rosemarie (2014): Die 50 besten Spiele für mehr Respekt. (Don Bosco MiniSpielothek). München: Don Bosco.

1126. PORTMANN, Rosemarie (2014): Die 50 besten Spiele zum Umgang mit Konsum. (Don Bosco MiniSpielothek). München: Don Bosco.

1127. PORTMANN, Rosemarie (2014): Die 50 besten Spiele zur Frustrationstoleranz. (Don Bosco MiniSpielothek). München: Don Bosco.

1128. PORTMANN, Rosemarie (2015): Die 50 besten Spiele für mehr Genderkompetenz. (Don Bosco MiniSpielothek). München: Don Bosco.

1129. PORTMANN, Rosemarie (2020): Die 50 besten Spiele für mehr Empathie. (Don Bosco MiniSpielothek). München: Don Bosco.

1130. RICKLI, Ursula (2018): Hörschlau. Lernspiele zur phonologischen Bewusstheit für den Kindergarten. Teil: 1., Reime-Werkstatt. Solothurn: Lehrmittelverlag Solothurn.

1131. RICKLI, Ursula (2018): Hörschlau. Lernspiele zur phonologischen Bewusstheit für den Kindergarten. Teil: 2., Silben-Werkstatt. Solothurn: Lehrmittelverlag Solothurn.

1132. RICKLI, Ursula (2018): Hörschlau. Lernspiele zur phonologischen Bewusstheit für den Kindergarten. Teil: 3., Laute-Werkstatt. Solothurn: Lehrmittelverlag Solothurn.

5.2 Infotainment rund um die Schule

5.2.1 Podcasts

1133. MINDFUL SCHOOL:
https://focused-moment.de/mindful-school-podcast/ (Stand: 8.10.2024)

1134. LOCKERLEHRER:
https://lockerlehrer.de/podcast (Stand: 8.10.2024)

1135. SEBASTIAN NÜSSE:
https://sebastian-nuesse.de/podcast (Stand: 8.10.2024)

1136. DIE SCHULE BRENNT:
https://www.swr.de/wissen/podcast-die-schule-brennt-100.html (Stand: 8.10.2024)

5.2.2 Filme

1137. 2004: Die Kinder des Monsieur Mathieu, Frankreich, Musikfilm, Drama

1138. 2002: Sein und Haben, Frankreich, Dokumentarfilm, Sozialstudie

1139. 2012: Mister Twister, Niederlande, mit Unterrichtsmaterial:
https://www.kinderkinobuero.de/downloads/film-des-monats/Mister_Twister_1_Wirbelsturm_Begleitmaterial.pdf (Stand: 19.4.2024)

1140. 2015: Frau Müller muss weg! Deutschland, Komödie

1141. 2016: Miss Kiet's Children, Niederlande, Dokumentarfilm

1142. 2018: Die Grundschullehrerin, Frankreich, Drama

1143. 2021: Teachers for Life, international, Dokumentarfilm, mit Unterrichtsmaterial: https://ave-institut.de/ave-dokumentarfilm-teachers-for-life/ (Stand: 19.6.2024)

1144. 2023: Das Lehrerzimmer, Deutschland, Drama

5.2.3 Informative Internetangebote

5.2.3.1 Arbeitsblätter/Arbeitsmaterialien

1145. https://www.grundschulkoenig.de/deutsch/ (Stand: 19.6.2024)

1146. https://www.bildungsserver.de/deutsch-in-der-grundschule-12163-de.html (Stand: 19.6.2024)

1147. https://vs-material.wegerer.at/deutsch/d.htm (Stand: 19.6.2024)

1148. https://www.materialguru.de/deutsch/ (Stand: 19.6.2024)

1149. https://www.gew.de/index.php?eID=dumpFile&t=f&f=93837&token=6f8c875913f3d950305cf0f097357e1aaf0b919f&sdownload=&n=Materialheft-Sprache-und-Kulturen-2020-WEB.pdf (Stand: 19.6.2024)

5.2.3.2 Digitale (Grund-)Schule

1150. https://www.youtube.com/c/digitalegrundschule (Stand: 19.6.2024)

1151. https://isadigitalteaching.com/ (Stand: 19.6.2024)

1152. https://www.lehrer-online.de/fokusthemen/dossier/do/digitales-lernen-grundschule/ (Stand: 19.6.2024)

1153. https://www.wirmachendigitalisierungeinfach.de/bildung/digitale-grundschule/ (Stand: 19.6.2024)

5.2.3.3 Verlagsseiten/Onlinelernprogramme (teilweise kostenpflichtig)

1154. https://alfons.westermann.de/alfons/#/information (Stand: 19.6.2024)

1155. https://antolin.westermann.de/ (Stand: 19.6.2024)

1156. https://www.bibox.schule/grundschule/ueber-die-bibox/ (Stand: 19.6.2024)

1157. https://grundschule-aktuell.de/ (Stand: 19.6.2024)

1158. https://www.friedrich-verlag.de/friedrich-plus/grundschule/deutsch/lesen/es-war-einmal-ein-igel-15410 (Stand: 19.6.2024)

1159. https://www.friedrich-verlag.de/friedrich-plus/grundschule/deutsch/lesen/grundschulkinder-lesen-kindergartenkindern-vor-15415 (Stand: 19.6.2024)

1160. https://grundschuldiagnose.westermann.de/ (Stand: 19.6.2024)

1161. https://www.westermann.de/landing/grundschuledigital/interaktiv (Stand: 19.6.2024)

1162. https://www.friedrich-verlag.de/friedrich-plus/grundschule/deutsch/lesen/horbucher-im-unterricht-15420 (Stand: 19.6.2024)

1163. https://www.friedrich-verlag.de/friedrich-plus/grundschule/deutsch/lesen/ausdrucksstark-vorlesen-15412 (Stand: 19.6.2024)

1164. https://www.friedrich-verlag.de/friedrich-plus/grundschule/deutsch/lesen/lesen-horen-vorlesen-verstehen-15414 (Stand: 19.6.2024)

1165. https://www.friedrich-verlag.de/friedrich-plus/grundschule/deutsch/lesen/lesen-klappt-auch-gemeinsam-15419 (Stand: 19.6.2024)

1166. https://www.friedrich-verlag.de/friedrich-plus/grundschule/deutsch/lesen/mehrsprachiges-lesetheater-15409 (Stand: 19.6.2024)

1167. https://www.lehrerbuero.de/grundschule.html (Stand: 19.6.2024)

6. Social Media: Austausch mit und Inspiration von Kolleg:innen

Im #BlueLZ kann man sich mit Kolleg:innen zu fachspezifischen und methodischen Fragen austauschen. Es handelt sich hierbei um das vormalige Twitterlehrerzimmer (#twlz), das aus nachvollziehbaren Gründen auf die Plattform BlueSky umgezogen ist. Da sich seit der Destruktion von Twitter mit BlueSky, Threads oder dem Fediverse eine unübersichtliche, mitunter nur aufwändig zu bedienende Social-Media-Landschaft entwickelt hat, beschränken wir uns hier mit weiteren Empfehlungen auf Instagram, das von vielen parallel bespielt zu werden scheint, vgl. auch das #instalehrerzimmer. Viele der Akteur:innen sind auch auf TikTok zu finden. Aktuelle, schulpolitische Themen werden regelmäßig von @netzlehrer (auch: @blume_bob), @nicothecap, MrWissen2Go, @hauptfachmensch, @matthiaszeitler, @liniert.kariert oder @phwampfler diskutiert. Kreative und liebevoll gestaltete Unterrichtsmaterialien, Lernspiele, Arbeitsblätter oder Tafelbilder für die Grundschule stellen @grundschul_lottchen, @fraulocke_grundschultante, @grundschulgefluester, @grundschulgedoens oder @grundschul_kaffee.kanne zur Verfügung. Themen wie Medienrezeption und Digitalisierung in der Grundschule werden von @laminierparty und @vandermeer_sisters aufgriffen. Zu sonderpädagogischen Themen postet @happy_teacher_sbbz, @kapierfehler postet zu Neurodivergenz und Lernen und @ronjajelenafiliz zu Diversität und wertschätzendem Umgang mit Schüler:innen. Bei @neuegrundschule-potsdam finden sich innovative Projektideen, u. a. zu Alltagsrassismus. Auch der @grundschulverband ist auf Instagram vertreten. Erlaubt sei uns zudem die lokalkoloristische Einladung, dem Account @grundschullehramt_unihgw zu folgen.